M. Schall

**Das Arbeiter-Quartier in Mülhausen im Elsass**

M. Schall

**Das Arbeiter-Quartier in Mülhausen im Elsass**

ISBN/EAN: 9783742812889

Hergestellt in Europa, USA, Kanada, Australien, Japan

Cover: Foto ©ninafisch / pixelio.de

Manufactured and distributed by brebook publishing software (www.brebook.com)

M. Schall

**Das Arbeiter-Quartier in Mülhausen im Elsass**

Das
# Arbeiter-Quartier
in
## Mülhausen im Elsass.

Ein Gang durch dessen Entstehung, Einrichtung und Geschichte,

unter

Berücksichtigung der vorzüglichsten damit verbundenen Anstalten zum Wohle der Arbeiterklasse.

Ein Beitrag zur Lösung der sozialen Frage

von

**Mart. Schall,**
Divisions-Pfarrer der K. 31. Division, jetzt Garnison-Pfarrer in Spandau.

*Motto:*
*Lass Dich nicht das Böse überwinden,*
*sondern überwinde das Böse mit Gutem.*
*Römer 12, 21.*

Zweite durchgesehene und erweiterte Auflage.

Mit mehreren Plänen.

Berlin, 1877. — Fr. Kortkampf.
Buchhandlung für Staatswissenschaften und Geschichte.
Verlag der Reichsgesetze.

# Inhalt.

Seite.

Vorwort . . . . . . . . . . . . . . . . . . . . . . . . . . . . . . . . I.
Einleitendes, Geschichtliches . . . . . . . . . . . . . . . . . . . . . 1
Die „Industrielle Gesellschaft" . . . . . . . . . . . . . . . . . . . . 6
Verschiedene Systeme von Arbeiter-Wohnungen . . . . . . . . . . . . . . 7
Gründung der Mülhauser-Gesellschaft zur Erbauung von Arbeiter-Wohnungen . . 7
Statuten der Gesellschaft . . . . . . . . . . . . . . . . . . . . . . . 9
Ankaufs- und Miethsbedingungen . . . . . . . . . . . . . . . . . . . . 10
Beschränkende polizeiliche Bestimmungen . . . . . . . . . . . . . . . 11
Verschiedene Stipendien . . . . . . . . . . . . . . . . . . . . . . . 12

**Beschreibung der Cité.**

Die Alte Cité . . . . . . . . . . . . . . . . . . . . . . . . . . . . 19
   Reihenhäuser . . . . . . . . . . . . . . . . . . . . . . . . . . . 19
   Häuser zwischen Hof und Garten . . . . . . . . . . . . . . . . . . 20
   Gruppenhäuser mit 2 Stockwerken . . . . . . . . . . . . . . . . . 21
   Gruppenhäuser mit 1 Stockwerk . . . . . . . . . . . . . . . . . . 22
   Gärten und Hofplätze . . . . . . . . . . . . . . . . . . . . . . . 23
   Inneres der Häuser . . . . . . . . . . . . . . . . . . . . . . . . 25
   Wasch- und Badeanstalt . . . . . . . . . . . . . . . . . . . . . . 28
   Restauration und Bäckerei . . . . . . . . . . . . . . . . . . . . 31
   Volks-Bibliotheken . . . . . . . . . . . . . . . . . . . . . . . . 34
   Mädchen-Herberge . . . . . . . . . . . . . . . . . . . . . . . . . 35
   Männer-Logirhaus . . . . . . . . . . . . . . . . . . . . . . . . . 36
   Waisenhaus . . . . . . . . . . . . . . . . . . . . . . . . . . . . 36
   Asyl für Greise, Armenherberge . . . . . . . . . . . . . . . . . 37
   Alterversorgungskassen . . . . . . . . . . . . . . . . . . . . . . 38
   Schlächterei . . . . . . . . . . . . . . . . . . . . . . . . . . . 38
Die Neue Cité . . . . . . . . . . . . . . . . . . . . . . . . . . . . 39
   Schulen . . . . . . . . . . . . . . . . . . . . . . . . . . . . . 39
   Kleinkinder-Schulen . . . . . . . . . . . . . . . . . . . . . . . 40
   Quartier-Schwestern (Diakonissen) und Quartier-Aerzte . . . . . . 44
   Verein zur Unterstützung von Wöchnerinnen . . . . . . . . . . . . 45
   Krippe . . . . . . . . . . . . . . . . . . . . . . . . . . . . . . 46
   Patronat-Gesellschaft . . . . . . . . . . . . . . . . . . . . . . 47
   Vaterländischer Frauen-Verein . . . . . . . . . . . . . . . . . . 47
   Armen- und Blinden-Anstalt . . . . . . . . . . . . . . . . . . . 48

IV

| | Seite. |
|---|---|
| Bürgerspital (und israelitisches) | 48 |
| Arbeiter-Kranken-Unterstützungs- und Bildungs-Vereine | 48 |
| Arbeiter-Vereinshaus | 49 |
| Gesellschaft zur Verhütung von Unglücksfällen, Schiedsgerichte | 49 |
| Materielle (finanzielle) Ergebnisse | 50 |
| Moralische Erfolge | 59 |
| Schlusswort | 54 |

### Anhang.

| | |
|---|---|
| Beilage No. 1. Statuten für den Wöchnerinnen-Verein | 57 |
| -  - 2. Statistische Uebersicht über den Verkauf und die Abzahlung der Häuser | 59 |
| -  - 3A., Statuten der Gesellschaft zur Verhütung von Unglücksfällen | 60 |
| -  - 3B., Satuten der Kommission für Unfälle in Fabriken | 61 |
| -  - 4. Uebersicht über die Vertheilung der Eigenthümer der Arbeiter-Häuser nach Berufsarten | 64 |

# Vorwort zur ersten Auflage.

Der nachstehende Aufsatz über das „Arbeiter-Quartier Mülhausens" ist der Gegenstand eines Vortrags gewesen, welchen der Unterzeichnete im Dezember v. J. zum Besten des hiesigen Zweiges des Vaterländischen Frauen-Vereins vor einem vorzugsweise aus eingewanderten Deutschen bestehenden Publikum gehalten hat. Der Wunsch, hierdurch zu einer genaueren Kenntniss und besseren Werthschätzung jenes vorzugsweise auf das Wohl der Arbeiterklasse berechneten, in seinen Anlagen und in seinen Folgen so bewunderungswerthen Unternehmens zunächst im engeren Kreise seiner hiesigen Landsleute beizutragen. ist seiner Zeit für die Wahl jenes Themas bestimmend gewesen. Die freundliche Aufnahme, welche die kleine Arbeit damals gefunden hat, sowie die nachträglich von vielen Seiten ausgesprochene Meinung, dass der Inhalt derselben einem allgemeinen Interesse auch in weiteren Kreisen Deutschlands begegnen würde, haben den Unterzeichneten bewogen, dieselbe auf Grund der seit längerer Zeit mit Vorliebe betriebenen Studien über Arbeiterverhältnisse zu vervollständigen und für die Oeffentlichkeit umzuformen, ohne ihr jedoch die ursprüngliche Form des Vortrags abstreifen zu wollen.

Die in derselben enthaltenen Angaben beruhen theils auf mehrjährigen eigenen Beobachtungen und Erkundigungen, theils auf den vorzugsweise in den Bulletins der hiesigen Industriellen Gesellschaft niedergelegten Mittheilungen und anderweiten Veröffentlichungen, namentlich auf den seitens

VI

des Herrn Dr. A. Penot, früheren Direktors der hiesigen ehemaligen Ecole supérieure des sciences appliquées, jetzigen Direktors der Handelsschule in Lyon, für die genannte Gesellschaft erstatteten Berichten.[1] Bei der Zusammenstellung derselben ist es dem Verfasser weniger um eine erschöpfende Ausführlichkeit, als darum zu thun gewesen, die Aufmerksamkeit aller derer, die für eine Lösung der sozialen Frage im deutschen Vaterlande ein Herz und warmes Interesse haben, auf dasjenige zu lenken, was am hiesigen Orte seit mehreren Jahrzehnten durch die bewunderswerthe und energische Initiative von hervorragenden Industriellen in theoretischer und praktischer Beziehung geschehen ist. Möchte die kleine Arbeit hierin keine ganz nutzlose sein!

Der Unterzeichnete erfüllt schliesslich nur eine angenehme Pflicht, wenn er allen denen, die ihm mit freundlicher Auskunft zur Seite gestanden haben, insbesondere auch dem Präsidenten der Industriellen Gesellschaft, Herrn August Dollfus für seine gütige Erlaubniss, die Bibliothek der Gesellschaft zu benutzen, seinen Dank hiermit auch öffentlich ausspricht.

Mülhausen i. Els., im Februar 1876.

Schall.

---

[1] Vgl. besonders dessen: *Les cités ouvrières du Haut Rhin*. Bullet. de la Soc. Ind. Tome, XXXV. pag. 385. (Jahrg. 1865) mit ausführlichen Plänen und Kostenanschlägen; auch besonders gedruckt und im Buchhandel zu beziehen von Bader in Mülhausen (4 M ); ferner desselben: *Les institutions privées du Haut-Rhin; notes remises au Comité départemental de l'exposition universelle de 1867*, Bullet. Jahrg. 1867 (Febr. u. Märzheft); und ebendessen: *Recherches statistiques sur Mulhouse*, Bull. Tome XVI pag. 263 ff. und Separat-Ausg. 1843; ferner Hack, Statistische Mittheilungen über die Stadt Mülhausen 1872, Mülh. 1873.

## Vorwort zur zweiten Auflage.

Die Nothwendigkeit einer vermehrten zweiten Auflage hat die im Obigen ausgesprochene Erwartung, dass der Gegenstand dieses Schriftchens auch in weiteren Kreisen interessiren würde, nicht unerfüllt gelassen. Bei seiner inzwischen erfolgten Versetzung in einen anderen Berufskreis hat sich der Verfasser zu seinem Bedauern nur auf die nothwendigsten Verbesserungen und einige wenige Ergänzungen beschränken müssen. Die letzteren sind zum Theil der vortrefflichen, durch die Güte des geehrten Herrn Verfassers dem Unterzeichneten mit Bezug auf die vorliegende Arbeit zugegangenen Schrift des Herrn Engel-Dollfus: „Etude sur l'épargne, les institutions de prévoyance et la participation aux bénéfices"* — entnommen, in welcher neben mehreren andren Haupt-Problemen der Arbeiterfrage auch die Sache der Arbeiterstädte eine überaus treffende und aus reicher Erfahrung belegte Begutachtung und Auseinandersetzung gefunden hat. —

Möge denn auch die vorliegende Auflage dieses Schriftchens, deren Erscheinen durch unvorhergesehene Fälle leider länger als gedacht, verzögert worden ist, in den betheiligten Kreisen eine freundliche und nachsichtige Aufnahme finden; möge, je

---

\*) „Studie über Sparsamkeit, Sicherheitsvorkehrungen und Gewinn-Theilhaberschaft" von Engel-Dollfus (Haus Dollfus-Mieg & Co.) Mülhausen, in Commission bei Detloff (1 Fr.); Dieselbe bildet einen Auszug aus dem im Bulletin der Industr. Gesellschaft niedergelegten Bericht bei Gelegenheit der feierlichen Sitzung am 50jährigen Jubiläum der Gesellschaft.

offenkundiger die sozialen Nothstände grade in der Gegenwart an vielen Stellen zu Tage getreten sind, um so mehr muss eine energische Bekämpfung derselben von innen heraus, mit den Mitteln und Waffen einer ächt christlichen Humanität, in immer weiteren Kreisen als eine Pflicht von allen erkannt werden, denen die Noth der Zeit und das Gemeinwohl aufrichtig am Herzen liegt!

Spandau den 1. März 1877.

Schall.

Das alte Wappen der Stadt Mülhausen, womit dieselbe gleichwie mit ihrem Namen, die nachkommenden Geschlechter an ihren frühesten unscheinbaren Ursprung erinnern will [1]), ist für die Zukunft derselben ominös geworden: das gezahnte Rad (roth im weissen Felde) erscheint noch heute als das passendste Abzeichen eines Platzes, dessen Ruf und Grösse vor allem auf dem hohen Range beruht, welchen derselbe durch seine grossartigen Fabriken in der Reihe der industriellen Zentren der Gegenwart sich erworben hat.

Die hervorragende industrielle Bedeutung der Stadt ist es auch, die dem Besucher derselben am ersten bemerkbar wird. Die zahlreichen hohen Fabrikgebäude mit ihren mehrstöckigen Fensterreihen, die vielen riesigen Fabrikessen, die wie ein Mastenwald aus dem Häusermeer der Stadt emporragen, der dunkle dichte Dunstkreis, der selbst bei hellem Wetter, einer Tarnkappe vergleichbar, dem von fern her Nahenden den Anblick der Stadt fast gänzlich verhüllt, verrathen es ihm nur zu deutlich, dass er sich an einer jener Stätten befindet, die, durch und durch Kinder unseres Jahrhunderts, ihre Kraft und Grösse aus dem Boden schöpfen, welchen die Souveränität des Menschengeistes über jene gewaltige Naturkraft, die Dampfkraft, für die Gegenwart zu einem so fruchtbaren, erzeugungsreichen gemacht hat.

Nach dem Massstabe dieser Bedeutung ist es daher auch, nach welchem das neuere Mülhausen gemessen und beurtheilt sein will. Wer zumal als Fremdeinkehrender in ihren Mauern andere als praktische, über das Gebiet des industriellen Verkehrslebens hinaus liegende Interessen, etwa diejenigen der Kunst oder der Wissenschaft oder des leichteren geselligen Lebens vertreten zu finden hofft, wird sich bitter

---

[1]) Die ältesten aus dem Jahre 717 datirenden Urkunden führen als solchen eine an den Ufern der alten Ill gelegene, zum Kloster St. Stephan in Strassburg gehörige Mühle (Mulenhusen) an.

Schull, Arbeiter-Quartier.

enttäuscht fühlen und bald wieder von dannen wünschen, zumal in der Jetztzeit, in welcher auch die wenigen von früher vorhandenen Anpflanzungen dieser Art durch den geschichtlichen Umschwung der Verhältnisse noch immer darniedor liegen.[2])

In ganz anderem Lichte dagegen wird es dem Auge erscheinen, dessen prüfender Blick der Industriestadt als solcher gilt. Dieses wird, selbst wenn kein fachmännisch geübtes, in ihr von grossartigen industriellen Schöpfungen und Einrichtungen genug sehen, um begreiflich zu finden, wie diese Stadt in einer industriellen Entwickelung von kaum mehr als 100 Jahren es zu einer solchen Grösse und Blüthe und zu einem so wohlverdienten europäischen Rufe gebracht hat.

Unter den hier gemeinten ragt als eine der am meisten in die Augen fallenden, das allgemeinste Interesse verdienenden diejenige hervor, deren nähere Beschreibung die Hauptaufgabe der nachfolgenden Zeilen bilden soll: die meist mit dem einfachen Namen „*Cité*" benannte **Arbeiterstadt** oder das **Arbeiter-Quartier** (*cité ouvrière*) Mülhausens.

Ehe wir an eine detaillirte Besichtigung derselben und der damit verbundenen wohlthätigen Einrichtungen zum Besten der arbeitenden Klasse gehen, werden einige einleitende Bemerkungen über die **Entstehung** und **früheste Geschichte** derselben am Platze sein.

Wie bei den meisten Erfindungen und Entdeckungen des menschlichen Geistes, so stellt sich auch in dem vorliegenden Falle die **Noth**,

---

[2]) Für die frühere Geschichte Mülhausens bis z. J. 1798 dürfte die nachstehende im alten Stadthause befindliche wandschriftliche Uebersicht von Interesse sein.
„**Mülhausens** Alter ist uns nicht bekannt;
Vielleicht ward oft die Stadt zerstöret und verbrannt.
Gewiss scheint es, dass sie die Hunnen rissen nieder (451),
Jedoch als Dorf zeigt sich Mülhausen sodann wieder (823).
Als freie Reichsstadt zwei Briefe sie verkünden (1168),
Die sich in dem Archiv wohlaufbewahrt befinden.
Mit Bern und Solothurn ein Bündniss ward geschlossen (1466)
Auf 28 Jahr, so rühmlich hingeflossen;
Wonach Mülhausens Treu Helvetien bewogen,
Dass in den grossen Bund sie diese Stadt gezogen (1515),
Die Carln von Burgund mit Muth begegnet hat (1474)
Und dann bei mancher Schlacht der Schweizer fechten that .
(1515 Morgarten, 1522 Navarra, 1523 Milano,
1529 und 1531 Religionskrieg in Helvetien.)
Auch sich als **Republik** trotz mancherlei Gefahren
In gutem Lob erhält, mehr denn 300 Jahren."

das Bedürfniss als die eigentliche erste Erzeugerin jener in ihrer Ausführung so bewundernswerthen und wohlthätigen Idee der Gründung eines besonderen Arbeiter-Stadttheils dar. Der seit dem Ende des vorigen und Anfang dieses Jahrhunderts datirende ungeheure Aufschwung industrieller Unternehmungen, insbesondere der durch die Erfindung der Dampfmaschine hervorgerufene fabrikmässige Gewerbe-Betrieb ist es bekanntlich, welcher auf fast allen Gebieten des menschlichen Lebens, besonders auf dem gesellschaftlichen, einen nahezu beispiellosen Umschwung der Dinge, der neben unendlich vielem Guten auch viele Uebel, und unter den letzteren im Schosse der Neuzeit vor allen jene grosse Kalamität hervorgerufen hat, welche wir alle kennen und welche gewöhnlich mit dem Namen der „sozialen" bezeichnet wird.³)

Dieser Nothstand und diese Frage, in ihren allgemeineren Symptomen und in ihrem tieferen Grunde so alt wie die Welt — wir könnten sie schlechtweg die „Mein- und Dein-Frage" nennen — und eine ihrer immer wiederkehrenden Gesellschafts-Krankheiten, hat in neuerer Zeit durch das Fabrikwesen nur eine prägnantere Gestalt und ein drohenderes Gepräge erhalten, und hat dieselbe in akuter Weise zunächst an jenen Orten auftreten lassen, welche die Industrie zu ihren Hauptzentren sich ausersehen hat.

Kein Wunder, dass auch die Industriestadt Mülhausen schon frühe davon betroffen wurde. Wie anderwärts, so trat dieselbe auch hier zunächst und am dringendsten als Wohnungsfrage hervor.

Durch die im Jahre 1746 durch jene hochverdienten drei Bürger: Jakob Schmalzer, Samuel Köchlin und Johann Heinrich Dollfus hierselbst eingeführte Fabrikation von sog. *Indiennes* (d. i. gedruckten Baumwollen-) Stoffen (*industrie cotonnière*) war die Geschichte Mülhausens in jene neue Aera getreten, die für deren Zukunft von entscheidender Wichtigkeit werden sollte.⁴) Von jener Zeit, und besonders

---

³) „La plus grande prosperité et la plus grande misère sont soeurs et se succèdent toujours." (Clément Juglar: *Des crises commerciales*) cf. Engel-Dollfus a. a. O. S. 2.

⁴) Bis dahin hatten in Mülhausen nur wenige Tuchwebereien bestanden, deren Erzeugnisse sowohl wegen ihrer groben Qualität und gegenüber der englisch-niederländischen Konkurrenz, als auch wegen der vielfachen Einschränkungsmassregeln der Behörden (war doch den Tuchmachern nach einer vom Jahre 1750 datirenden Verordnung nur die Anfertigung von 30 ganzen Stücken pro Jahr gestattet, das darüber produzirte Quantum aber mit bedeutenden Abgaben belegt), nur ein

vom Zeitpunkt der Vereinigung der Stadt mit der damaligen französischen Republik[5]), datirt jenes zeitweilig völlig anormale Wachsthum der Stadt, welches dieselbe von 6000 Einwohnern, welche Mülhausen vor Ende des vorigen Jahrhunderts zählte, in weniger als 70 Jahren mehr als verzehnfacht und auf gegenwärtig wohl über 60,000 Bewohner vermehrt hat.[6])

Mit diesem ausserordentlichen extensiven Wachsthum der Stadt hatte jedoch, wie leicht begreiflich, das gleichzeitige intensive nicht überall gleichen Schritt gehalten. Insbesondere war die bauliche Thätigkeit derselben gegenüber der rapiden Zunahme ihrer industriellen Etablissements[7]) weit hinter dem Bedürfniss zurückgeblieben. Je mächtiger — von jenen angezogen — von Jahr zu Jahr der Zufluss fremder Arbeiter aus Frankreich, der Schweiz und Deutschland anschwoll, desto empfindlicher stellte sich für dieselben mehr und mehr ein Mangel an ausreichenden menschenwürdigen Wohnungen heraus. Aus engen, vielfach dumpfen und ungesunden Räumen bestehend, entbehrten die meisten derselben der nothwendigsten Erfordernisse an Luft, Licht und Reinlichkeit und dienten, indem sie den zuziehenden Fremden[8]) nur ein nothdürftiges Obdach gewährten, vorzugsweise der spekulativen Ausbeutung der Vermiether und Hausbesitzer.

geringes Absatzgebiet hatten. Wie beschränkt der Betrieb derselben war, ist auch daraus zu ersehen, dass dieselbe nur 60—90 Weber beschäftigte, deren Totalproduktion 80,000 Ellen pro Jahr nicht überstieg. — Vgl. Penot, rech. stat. S. 9 ff. Hack, Statist. Nachweis S. 18.

[5]) Bekanntlich im Jahre 1798 (am 15. März *fête du réunion*) in Folge des Steuerzwanges, den Frankreich durch Einschliessung der Stadt mit einem engen Zollgürtel ausübte und wodurch es den Handel derselben vollständig lahm zu legen wusste.

[6]) Die Bevölkerung der Stadt belief sich i. J. 1798 auf 6000, — i. J. 1800 auf 6628, — i. J. 1805 auf 8021, — i. J. 1810 auf 9353, — i. J. 1833 auf 13,300, — i. J. 1838 auf 16,932, — i. J. 1844 auf 20,547, — i. J. 1847 auf 29,085, — i. J, 1855 auf 29,574, — i. J. 1860 auf 45,981, — i. J. 1866 auf 58,773 Seelen, vgl. Hack a. a. O. S. 31. Penot, a. a. O. S. 9 ff. Das Wachsthum der Bevölkerung stieg demnach z. B. von $15{,}75$ pCt — i. J. 1770 auf 73 pCt. — i. J. 1842; in der Zeit von 1820—30 sogar bis auf 75 pCt.

[7]) Im Jahre 1770 zählte man in Mülhausen schon 15, — i. J. 1780 schon 20 grössere Etablissements des genannten Industriezweiges. Ueber den heutigen Stand vgl. die Anm. am Schluss.

[8]) Während es dahin die Niederlassung oder Verehelichung in der Stadt durch zahlreiche Massregeln erschwert war, war schon i. J. 1754 durch ein Edikt des Munizipalraths auch den verheiratheten Fremden die Domizilirung in der Stadt erleichtert worden.

Zwar hatte sich die allgemeine Aufmerksamkeit schon frühzeitig auf diesen fühlbaren und für das städtische Gemeinwohl immer bedenklicher sich steigernden Nothstand gelenkt, und schon seit Ende der dreissiger und Anfang der vierziger Jahre war, — wie es scheint, namentlich in Folge des Theuerungsjahres 1847 und der hierdurch drohenden Arbeiter-Unruhen[9]) — eine erhöhte Bauthätigkeit zur Errichtung von zahlreicheren und grösseren Arbeiter-Wohnungen erwacht; indess, da auch bei ihnen das lukrative Interesse vorgewaltet hatte, so hatten dieselben, vom hygienischen und sittlichen Standpunkt aus angesehen, noch gar viel zu wünschen übrig gelassen.

Welche nachtheiligen Folgen gerade auch für das letztbezeichnete — das sittliche — Gebiet aus diesen wohnlichen Nothständen entstehen mussten, werden wir kaum noch besonders hervorzuheben haben. Das enge Zusammenpferchen so vieler ärmlicher Haushaltungen auf einen Punkt, der hierdurch herbeigeführte enge Kontakt der Arbeiter beiderlei Geschlechts, sowie das hiermit verbundene unvermeidliche allmähliche Heranwachsen eines Arbeiter-Proletariats von bedenklicher Ausdehnung[10]) mussten in der moralischen Physiognomie Mülhausens bald einen tiefliegenden Schaden erkennen lassen, welchen aufzudecken und zu dessen Abstellung Mittel und Wege zu finden für die aufblühende Industriestadt bald zu einer Art von Lebensfrage ward.

Das Verdienst, die Wichtigkeit dieser Frage nicht nur erkannt, sondern mit energischer Hand auch die Initiative zur Abhilfe dieses Nothstandes ergriffen zu haben, wird für alle Folgezeiten demjenigen Institute zuerkannt bleiben, dessen Namen und dessen Wirken die Geschichte Mülhausens stets mit goldenen Lettern in ihren Annalen verzeichnen wird, nämlich der „Société industrielle", der Industriellen Gesellschaft von Mülhausen.[11])

---

[9]) Vgl. Bull. Tome XXI, 369. und Hack, a. a. O. S. 28. Am 26. Juni rückten die Arbeiter vor das Rathhaus, um eine Ermässigung der Brodtaxe zu erzwingen, plünderten darauf die Bäckerläden und Mehlmagazine und richteten in der Stadt einen Schaden an, der dieser auf 30,000 Frs. zu stehen kam. Die Bewältigung der Unruhen gelang noch an dem nämlichen Abend durch Waffengewalt.

[10]) „De ces demeures part un cri plus aigu et plus perçant que le cri de la faim: il vous demande des secours et de la force...." (Channing b. Engel-Dollfus a. a. O. S. 23) „le manque d'un intérieur propre et rangé est un des plus grands maux de la misère."

[11]) Die Gesellschaft ist gestiftet 1826; ihre Stiftungs-Urkunde datirt vom

Im Schosse dieser, nun seit bereits 50 Jahren[12]) nicht blos um die Förderung industriellen Fortschrittes, sondern ebenso um die Hebung des moralischen und physischen Wohles der Arbeiter-Bevölkerung wahrhaft edelmüthig bemühten Gesellschaft [13]) — jener echt republikanischen Vereinigung, welche neben dem Studium und der Förderung der industriellen, stets auch die Pflege aller hiermit sich berührenden philanthropischen Interessen als ein Ehrenprivilegium für sich in Anspruch genommen, welche durch ihre rastlosen Bemühungen die Hebung und Ausdehnung des Schulwesens, die Einführung des obligatorischen Unterrichts, die Beschränkung der Kinder- und Frauen-Arbeit, die Abschaffung der Lotterien [14]) und vieles Andere unausgesetzt betrieben hat, — war es, wo der Gedanke zu einer durchgreifenden Beseitigung dieser Arbeiter-Wohnungsnoth zuerst nicht nur empfangen, sondern auch zu einer thatkräftigen Ausführung vorbereitet und hingeführt ward.

Es war in der Sitzung vom 24. September 1851, dass der edle und ehrenwerthe Herr Jean Zuber Sohn sich erhob, um die Aufmerksamkeit des Kollegiums auf diese Frage zu lenken und es auf dasjenige hinzuweisen, was man um jene Zeit in Frankreich und besonders in England zur Herstellung besserer und billigerer Arbeiter-Wohnungen zu thun unternommen hatte. Von den beiden Schriften, die derselbe bei dieser Gelegenheit auf den Tisch der Gesellschaft deponirte, war die eine die englische Abhandlung von Sir Henri Roberts

28. Mai 1830. 1832 wurde sie von der Juli-Regierung als *établissement d'utilité publique* zum Range einer gemeinnützigen Gesellschaft erhoben. Vgl. ordonnances etc. Bull. Tome V. 399. VIII. 66. XII. 333. u. A.

[12]) Die auf den 5. Mai 1876 treffende 50jährige Jubiläumsfeier wurde von derselben in grossartiger Weise gefeiert.

[13]) Als Hauptzweck nennen die Statuten sehr bescheiden nur: „Verbreitung des Unterrichts, Ermunterung der Arbeiterklasse zur Sparsamkeit und Arbeitsamkeit"; daneben betreibt sie jedoch die Veranstaltung von allerlei Sammlungen (Museen, Bibliotheken), ferner die Herausgabe eines jetzt bereits mehr als 45 starke Bände umfassenden Bulletins, mit bereits ca. 2000 Aufsätzen, Berichten etc., sowie die Ermunterung und Unterstützung in allen möglichen gemeinnützigen Bestrebungen, sowohl lokalen (Eisenbahnen, Wasserleitungen, Hafenanlagen etc.), als auch allgemeineren, durch jährliche Preisausschreibungen und Vertheilung von goldenen und silbernen etc. Denkmünzen und Ehrenmedaillen an die Erfinder und Verbesserer jeden Verfahrens, wodurch Künste, Ackerbau, Gewerbe, Manufaktur u. s. w. befördert oder gehoben werden, u. A. m.

[14]) Vergl. u. A. Bull. T. I, 273. 325. VI, 329. 352. X, 481. XXVIII, 126. XXXIII, 569. XXXIV, 82. XXXI, 128.

über Arbeiter-Wohnungen (*the dwellings of the labouring classes*), deren Uebersetzung und Verbreitung vom damaligen Präsidenten der Republik, dem Prinzen Louis Napoléon, durch das Handelsministerium angeordnet war, — und enthielt die andere eine Beschreibung des vom Prinzen Albert in London auf seine Kosten in der Nähe des Krystall-Palastes errichteten Modell-Arbeiterhauses für vier Familien.

Die Gesellschaft, von der hierdurch angeregten Idee lebhaft ergriffen, beschloss — unter der thatkräftigen und umsichtigen Initiative des Herrn Jean Dollfus, welcher bis heut die eigentliche Seele des nachgefolgten Unternehmens geblieben ist, und der um die Cité sich die höchsten Verdienste erworben hat, — sogleich dem Antrag des Herrn Zuber Folge zu leisten und das eine ihrer Comités [15] das „comité d'utilité publique", mit der näheren Befassung und Untersuchung dieser wichtigen Frage und demnächstigen Berichterstattung hierüber zu beauftragen. [16]

Dieses nahm seinen Auftrag sofort energisch in die Hand, indem es durch zahlreiche Korrespondenzen mit solchen Fabrikbesitzern, auf deren Besitzungen bereits Arbeiter-Wohnungen errichtet waren, in Verbindung trat, und diese um Mittheilung aller zur Aufklärung dienenden Pläne und Beobachtungen bat. [17]

Zwei einander entgegengesetzte Haupt-Systeme boten sich demselben hiernach für die Erreichung des erstrebten Zieles zur Auswahl dar:

1) das sogenannte Kasernen-System, bestehend aus grossen, kasernenartigen Massenhäusern, in denen 10 — 20 und mehr Haushaltungen unter einem Dach vereinigt sind; [18]

---

[15]) Die Gesellschaft gliedert sich in mehrere Comités oder Sektionen zu je 7 Mitgliedern, nämlich in ein *comité de chimie,* — *de mécanique,* — *d'agriculture,* — *de commerce,* — *d'économie sociale* (oder *d'utilité publique),* — *d'histoire naturelle,* — *d'histoire et de statistique,* — *des beaux-arts,* ferner *comités de l'industrie des papiers,* — *d'administration de l'école de tissage, de surveillance de la bibliothèque et des cours populaires* und verschiedene andere Spezial- und Sub-Comités.

[16]) Die Enquête sollte sich mit der Frage vorzugsweise unter einem dreifachen Gesichtspunkte befassen:
    1) der Bau- und Herstellungskosten,
    2) des jährlichen Miethsertrages,
    3) des grösstmöglichen Nutzens für die Arbeiter.

[17]) Namentlich über die Zahl der in jedem Hause vereinigten Haushaltungen, über die Kosten für Herstellung, der Preise der Miethe, des Terrains und aller hierbei beobachteten Vortheile und Nachtheile etc.

[18]) Der Verfasser erinnert sich solcher aus seinem früheren Gemeinde-

2) das Isolir- oder Einzel-System, bei welchem jede Familie womöglich ihr eigenes Haus ausschliesslich bewohnt.[19])

Wie zu erwarten stand, hatte sich dasselbe aus Rücksichten der Gesundheit und Moralität in Kurzem einstimmig für die Annahme der letzteren Kombination entschieden, wonach unter Aufnahme einiger eigenthümlicher Modifikationen jede Arbeiter-Familie wo möglich den Genuss einer eigenen, getrennt liegenden Wohnung, sowie eines dazu gehörigen Hofes oder Gärtchens haben sollte.

Während so die Industrielle Gesellschaft durch dieses ihr Organ der theoretisch-wissenschaftlichen Prüfung der Frage näher trat, unternahm es Herr Zuber, welcher nebst einigen anderen Mitgliedern bei einem Besuch Londons sich durch persönlichen Augenschein von der Nützlichkeit der Sache überzeugt hatte, in Verbindung mit Herrn Amédée Rieder im folgenden Jahre (1852) bei ihrer Papierfabrik an der Napoleons-Insel (am Kanal von Hüningen) eine kleine Zahl von Arbeiterhäusern erbauen zu lassen, von denen ein jedes bei einer inneren Ausdehnung von 6 M. Länge und eben soviel Breite einen geräumigen Keller mit Lagerraum, ein Erdgeschoss mit zwei Zimmern und einer Küche, ein erstes Stockwerk unter dem Dach mit zwei Giebel-Zimmern und Bodenraum und noch einen kleineren Boden darüber enthielt und von einem Garten (von 1 Ar Grösse) umfasst war, und für welche der Herstellungspreis 2200 Frs., der Miethspreis zu 5% exkl. Abgaben und Unterhaltungskosten 132 Frs. (monatlich 11 Frs.) betrug.

Dieser dem betreffenden Comité von den Herren Zuber-Rieder mitgetheilte Plan wurde unter Aufnahme einiger eigenthümlicher Modifikationen, wie sie die Stadtverhältnisse erforderten, als der der Idee am meisten entsprechende anerkannt und auf Grund des 9 Monate später, am 30. Juni 1852, von jener Abtheilung durch Herrn Dr. Penot erstatteten Berichts als der für die Bedürfnisse der Arbeiter-Be-

Bezirk in Berlin, der im Voigtlande (Gartenstrasse) belegenen sogenannten „Mücken"; auch in Mülhausen giebt es deren, z. B. die Adamshäuser in der Sausheimerstrasse oder die im Volksmund charakteristisch benannten „Dampfnudel-Kasernen"; wie hier. so war dasselbe System, als dessen Extrem die bekannten Fourier'schen Phalanstères (400 Wohnungen für 2000 Personen unter einem Dach) anzusehen sind, schon in mehreren anderen Städten des Ober-Rheines versucht, aber überall von der Erfahrung verurtheilt worden.

[19]) Vgl. hierzu Melun, Sur la situation etc. bei Engel-Dollfus S. 31 ff.

völkerung Mühlhausens am vollkommensten zutreffende angenommen, nachdem noch in derselben Sitzung Herr Jean Dollfus sich erboten hatte, nach einem von dem Herrn Architekten Müller, dem später auch die bauliche Leitung der zu errichtenden Arbeiterstadt übertragen wurde, entworfenen und mit den übrigen eingeforderten Plänen allseitig verglichenen Plane am Ende der Nachbarstadt Dornach vier neue Modellhäuser dieses Systems erbauen und diese von Sachkundigen, namentlich auch von Arbeitern, einer nochmaligen endgültigen Prüfung durch Augenschein unterwerfen zu lassen. [20])

Nachdem in dieser Weise das fragliche Unternehmen eine allseitige theoretische und praktische Würdigung und Unterstützung seitens der Gesellschaft erfahren hatte, nachdem ausserdem von Seiten Napoleon III. der sich von Anfang an dafür persönlich eingehend interessirt hatte, die unverhoffte Zusicherung eines Staatsbeitrages von 300,000 Frs. für den Fall der Ausführung erfolgt war, fand am 10. Juni 1853 die materielle Gründung jener Gesellschaft statt, die unter dem Namen:

„Société Mulhousienne des cités ouvrières"

und unter der Präsidentschaft des genannten Herrn Jean Dollfus sofort in Thätigkeit trat.

Der Zweck derselben war den Statuten [21]) gemäss ein vierfacher:

1) die Erbauung von Arbeiterhäusern in Mülhausen und Umgebung, von denen jedes für eine Familie als isolirte Wohnung dienen und ausser dem Wohngebäude aus einem Hof und Garten bestehen sollte;

2) der Erwerb des nöthigen Terrains, sowohl für die Häuser und deren Nebenbauten, als für die Anlage von breiten Strassen, Abzugskanälen und anderen als nützlich erkannten Einrichtungen;

3) die Verlehnung der genannten Häuser zu niedrigem Miethspreise, welcher 8°/₀ des Kostenpreises nicht übersteigen

---

[20]) Es verdient hierbei rühmend hervorgehoben zu werden, wie es der Stadt Mülhausen und besonders der genannten *Société industrielle* nie an solchen edlen und hochherzigen Männern gefehlt hat, die bereit gewesen sind, ihre ausserordentlichen Mittel dem Gemeinwohl zur Verfügung zu stellen, und namentlich den von jener Gesellschaft angeregten Ideen mit grossen Opfern in ächt philantropischem Sinne zur Ausführung zu verhelfen, — wie dies aus dem Nachstehenden an einzelnen Beispielen noch deutlicher hervortreten wird.

[21]) S. dieselben bei Penot, a. a. O. (Bull. 1865, Anhang No. 1) und besonders abgedruckt erschienen bei Bader in Mülhausen.

und dessen Ertrag zur Deckung der auf 4 % normirten Zinsen des Gesellschafts-Fonds, sowie der allgemeinen Kosten (für Abgaben, Versicherungen, Beamten-Besoldungen etc.) verwendet werden sollte;

4) *last not least*, der eigentliche Hauptzweck des Unternehmens und dessen eigenthümlichste und wohlthätigste Seite, der successive Verkauf dieser Immobilien zum Selbstkostenpreise vermittelst humaner Abzahlungs-Bedingungen etc. Das Grundkapital der Gesellschaft wurde auf 300,000 Frs. festgestellt und in 60 Aktien zu 5000 Frs. getheilt. Die Zahl der Aktionäre stieg jedoch in kurzer Zeit von 12 auf 20, die der Aktien auf 71, wodurch sich die Höhe des Grundkapitals auf 355,000 Frs. erhob. Rechnen wir hierzu den Staatszuschuss von 300,000 Frs., sowie das im Verlauf der Bauten beim *Crédit foncier* auf die fertiggestellten Häuser entnommene hypothekarische Darlehen von ebenfalls 350,000 Frs.[22]), so ergiebt sich ein Force motrice von ca. 1 Million Franks, mit welcher die Gesellschaft zur Ausführung ihres Gedankens ins Leben trat.

Bei so günstigen Auspizien konnte ein Gelingen des Unternehmens von vorn herein erwartet werden. Denn wenn auch, nach dem mit dem Staate geschlossenen Abkommen, jene dargebotene staatliche Beihülfe nur zur Verwendung für allgemeine Anlagen und Einrichtungen der Cité, zur Anlage von Strassen, Trottoirs, Rinnsteinen, Brunnen, sowie für alles, was von öffentlichem Nutzen sein würde, also zur Anpflanzung von Bäumen, zur Errichtung eines Wasch- und Badehauses u. A. dienen sollte, so konnte doch hierdurch jedes Haus in erheblicher Weise um den Antheil, den es sonst an den allgemeinen Kosten verhältnissmässig mitzutragen gehabt hätte, entlastet und der für dasselbe anzusetzende Kaufpreis um ein Wesentliches niedriger gestellt werden.

Die eigentliche Bestimmung der zu errichtenden Arbeiterhäuser

---

[22]) Zu 5 pCt. + 9 Cts. Verwaltungskosten, rückzahlbar in 60 halbjährigen Terminen auf 98 Häuser. Bei der späteren Zinssteigerung der Gesellschaft und dem sich mehr und mehr herausstellenden Gelingen des Unternehmens hat die Gesellschaft es vorgezogen, sich an Kapitalisten in Mühlhausen und Basel zu wenden, von denen sie die Gelder zu 4½—5 pCt. und in langen Terminen rückzahlbar erhalten hat. In den ersten 5 Jahren fand keine Amortisation statt, sondern nur Zinszahlung, in den folgenden 15 Jahren wird das Kapital in 15 gleichen Theilen zurückgezahlt. — Die Aktionäre der Gesellschaft selbst haben sich im Interesse der Sache in der Folge mit einem Zinsfuss von 4 pCt. begnügt.

war, wie gesagt, der Verkauf derselben. Nur insoweit und so lange sie keinen Käufer gefunden, sollten dieselben an Arbeiter vermiethet werden. Was von jenem Miethsertrage abzüglich der oben bezeichneten nächsten Verwendungen an weiteren Ueberschüssen sich ergeben würde, sollte nach den mit der Regierung vereinbarten Bedingungen niemals, zum Besten der Aktionäre, sondern zu gemeinnützigen Ausgaben und im Interesse der Bewohner der Arbeiterstadt verwendet werden.

Um nun jenes Hauptziel zu erreichen, nämlich die Arbeiter zu Eigenthümern der von ihnen miethsweise bewohnten Häuser zu machen, wurde vor allem ein successives Ankaufsrecht statuirt, d. h. die Gelegenheit geboten, durch Bewilligung einer möglichst langen Abzahlungszeit, die sich auf 14 und im Nothfall auf 16, ja ausnahmsweise auf 20 Jahre erstrecken sollte, durch das einfache Mittel einer etwas erhöhten Miethezahlung den Bewohner eines Hauses in den allmählichen Besitzer desselben umzuwandeln.

Als hierzu führend wurden die nachfolgenden näheren Bestimmungen — ursprünglich eine Kombination des Herrn J. Dollfus — aufgestellt.

Der Ankauf eines Hauses von Seiten des Arbeiters hat zu geschehen zunächst durch die Leistung einer Anzahlung von 250 bis 300 Frs., je nach dem Werth des Objekts. Diese Summe, durch welche derselbe zugleich in fast alle Rechte eines Besitzers des Hauses sofort eintritt, wird ausschliesslich in seinem Interesse verwendet und dient zur Bestreitung der öffentlichen Abgaben, sowie der gerichtlichen Kosten beim späteren definitiven Abschluss des Kaufkontrakts. Der ganze übrige Rest des Kaufpreises wird nun von hier ab von dem Arbeiter ausschliesslich durch die Zahlung eines etwas erhöhteren Miethspreises von monatlich 18—25 Frs., je nach dem Werth des Hauses [23]), das er bewohnt und das er erwerben will, geleistet, durch welche Leistung er im Verlauf von etwa 13 Jahren ganz ohne Weiteres definitiver Herr des Hauses wird. Aber auch für den Fall, dass er als Bewerber um ein Haus auftreten möchte, ohne die erste Anzahlung von 250—300 Frs. auf einmal erlegen zu können, ist ihm die Möglichkeit hierzu gegeben, indem in diesem Falle nur der Betrag des monatlichen Miethszinses um einige Franks gesteigert wird [24]).

---

[23]) 18—20 Frs. für die Häuser im Werthe von unter 3000 Frs. und 25 Frs. für die Häuser von 3000 Frs. und darüber.
[24]) Vgl. über die weiteren Details, Penot a. a. O. (Bull. T. XXXV, p. 385.)

Hieraus ergiebt sich folgendes überraschende Resultat: Hat ein Arbeiter sich eine Summe von 2—300 Frs. erspart, einige Fabrikanten bieten hierzu und zu dem bezeichneten Zwecke noch besonders die Hand[25]), und wird von ihm hiervon die erste Anzahlung auf einmal und im Ganzen geleistet, so stellen sich von da ab die **mit der Miethe monatlich zu leistenden Abzahlungen als nicht höher heraus, als der Preis für die Miethe bei kleineren, hässlicheren und weniger gesunden Wohnungen ausserhalb der Cité betragen würde.** Sie übersteigen nur um ein Geringes die gewöhnliche Miethshöhe, die er sonst, ohne Bewerber zu sein, für dieselbe Wohnung bezahlen müsste, weil man für den Käufer nur 5 % des den Werth des Objekts repräsentirenden Kapitals in

und in der Separat-Ausgabe, im Anhang, woselbst sich ausführliche Rechnungs-Uebersichten über die successive Lage des Käufers, ferner Kostenanschläge (über die wirklichen Kosten), eine Zusammenstellung der Zulassungsbedingungen u. a. m. finden.

[25]) Besonders verdient hier das Salathe'sche Stipendium (*prix Salathé*) erwähnt zu werden. Zweck desselben ist:
1) den Arbeiter zur Sparsamkeit zu ermuntern dadurch, dass man ihm die ersten Schritte erleichtert, die ihn dazu führen, nach und nach zum Eigenthümer eines Hauses zu werden;
2) in ihm den Geschmack und das Streben nach eignem Besitzthum und die Liebe zu einem eigenen Heerd zu erwecken.

Der Preis besteht aus einer jährlichen, der Industr. Gesellschaft überwiesenen Rente von 1200 Frs., über deren Vertheilung eine Kommission entscheidet, die ausser dem Präsidenten jener Gesellschaft und 5 Mitgliedern derselben, aus 5 Werkführern oder Arbeitern aus Fabriken von Mülhausen oder Dornach (nach alphabetischer Reihenfolge der Fabriken) besteht. Der Preis wird getheilt in 3 Theile zu 400 Frs.; die Bewerber müssen
1) geborene Elsässer, in Mülhausen oder Dornach ansässig und Fabrikarbeiter,
2) müssen verheirathet,
3) über 35 Jahre alt sein;
4) in ihrem Haushalt eine vorzügliche Ordnung halten;
5) ein Zeugniss von ihrem Herrn bringen, dass sie wenigstens 3 Jahre in dessen Etablissement arbeiten und sich durch Fleiss und gute Führung ausgezeichnet haben und endlich: nachweisen, dass sie sonst noch keinen Grund und Boden haben, aber eine Ersparniss von mindestens 150—200 Frs. besitzen.

Ausserdem ist jeder Beneficiat verpflichtet, diese 400 Frs. zum Erwerb eines Hauses, möglichst in der *Cité ouvrière*, zu verwenden und diese, sowie die Zinsen seiner ersten eigenen Ersparnisse als erste Abzahlung einzuzahlen. Die Schenkung wird erst nach sechs Monaten definitiv, wenn der Arbeiter bis dahin sich sparsam und ordentlich gezeigt hat. (vgl. Bull. XLIII., S. 471 ff.)

Anrechnung bringt, während man von dem Miether 7—8 % dafür fordert. Wenn also z. B. ein Arbeiter auf diese Weise ein Haus von 3000 Frs. erworben hat, dessen Kaufpreis er nach 13 Jahren und einigen Monaten vollständig und bequem hat entrichten können, so hat er für dasselbe in Wirklichkeit am Ende nur 1300 Frs. mehr bezahlt, als er für die Benutzung desselben als Miether in derselben Zeit auch gezahlt haben würde. Es ist ihm also — wenn man annimmt, dass er sonst höchst wahrscheinlich keine Ersparniss zurückgelegt und hiervon Zinsgenuss sich verschafft haben würde — sein Haus im Werth von 3000 Frs. schliesslich so zu sagen noch nicht einmal auf die Hälfte — nämlich auf jene 1300 Frs. — zu stehen gekommen, obgleich er schon 13 Jahre hindurch fast alle Rechte eines Eigenthümers geübt hat und er jetzt im Besitz eines Eigenthums ist, das vermöge des mit der Vergrösserung der Stadt zunehmenden Werthes von Grund und Boden einen weit höheren Werth hat, als im Augenblick des ersten Bewerbens und im Vergleich mit dem damals ihm offerirten Kaufpreise!

Der Zahlungsmodus selbst ist nun ein sehr einfacher und übersichtlicher. Man händigt seitens der Verwaltung dem Arbeiter ein Büchelchen ein, welches die genaue Wiedergabe aller laufenden Abzahlungen enthält. Dasselbe wird jedes Jahr im beiderseitigen Interesse regulirt und zwar nach dem Prozentsatz von 5 % vom Datum jeder Einzahlung an gerechnet. Durch diese Kombination, bei welcher der Käufer nur gewinnen kann, hat man dem Arbeiter eine veritable Sparkasse und noch dazu mit hypothekarischer Sicherheit, nämlich derjenigen seines künftigen eigenen Hauses, geschaffen, in welche er mit der regelmässigen Miethe, fast ohne es zu merken, von Monat zu Monat seine Zahlungen einlegt, deren Summe und schliesslicher Ertrag ihn nach verhältnissmässig kurzer Zeit zum Besitzer von Grund und Boden, von Haus und Hof und Garten macht[26]).

Da demselben ausserdem, um alle etwaigen Differenzen zu verhüten, bei jeder Einzahlung eine besondere Quittung auf Grund des Hauptbuchs übergeben wird, so kann er, vermittelst dieses Verrechnungsmodus in jedem Moment nicht nur seine Situation gegenüber der

---

[26]) Weswegen Engel-Dollfus (a. a. O. S. 28) meint, man müsse eigentlich die Cités nicht *Cités ouvrières*, sondern *Cités de l'épargne* nennen, zumal alle Gewerbe und Professionen daran theilnähmen.

Gesellschaft deutlich übersehen, sondern auch leicht den Betrag etwaiger ausserordentlicher Ersparnisse hinzufügen, um, wie vielfach geschieht, am Ende einer noch früheren von ihm zu erstrebenden Zeit zur vollkommenen Realisirung seines Kontrakts zu gelangen[27]).

Sollte ein Todesfall oder die Einberufung zur Fahne, oder ein Wechsel des Wohnorts eine nothwendige Auflösung jenes Kontrakts herbeiführen, so sind dem Bewerber für diesen Fall die billigsten Bedingungen zugesichert. Man betrachtet in diesem Fall den Käufer als einfachen Miether und giebt ihm oder seiner Familie den Ueberschuss seiner sämmtlichen Einzahlungen nebst den Zinsen derselben zurück.

Um aber dieses so gemeinnützige Unternehmen zu gleicher Zeit vor jedem Missbrauch, insbesondere vor jeder fremdartigen Ausbeutung durch schlaue Spekulanten zu schützen und die Wohlthat seiner Einrichtungen nur der ihrer zumeist benöthigten Arbeiterklasse zuzuwenden, um ferner zu verhüten, dass auch letztere in dem Bestreben, den Vortheil ihrer geräumigen Wohnung möglichst auszubeuten, durch Aufnahme weiterer Aftermiether die Absicht der Gesellschaft, mit dem physischen zugleich dem moralischen Wohle der Arbeiter zu dienen, nicht sogleich wieder illusorisch machen, muss sich der Käufer gleich beim Eintritt in die Bewerbung gewissen beschränkenden Bedingungen unterwerfen. Hierzu gehört u. A. diejenige, dass der Käufer sein Haus innerhalb 10 Jahren, vom Tage des Kontrakts an gerechnet, ohne ausdrückliche Erlaubniss des Verwaltungsrathes nicht verkaufen, dass derselbe ebenso nur mit der besonderen Ermächtigung der Gesellschaft und soweit daraus kein Nachtheil für die Sitten und Gesundheit der Bewohner entsteht, Theile seiner Wohnung an andere Arbeiter in Aftermiethe vergeben darf. Ausserdem

---

[27]) Eine andere glückliche Kombination ist die der Herren Brüder Japy & C¹ᵉ in Beaucourt, welche mehrere tausend Arbeiter beschäftigen. Dieselben haben bei der nach dem Vorbilde der Mülhauser i. J. 1864 erfolgten Gründung einer desfallsigen Immobiliar-Gesellschaft mit einem Kapital von 100,000 Frs. dieses auf 1000 Aktien zu 100 Frs. vertheilt, um damit auch den Arbeitern, besonders den Werkführern und Beamten ihrer Fabrik, sowie den Kaufleuten u. s. w. ihrer Ortschaften Gelegenheit zur Betheiligung zu bieten, welche letztere auch reichlich benutzt haben. Die Aktionäre erhalten hier ebenfalls keine Divende, sondern nur 5 pCt. jährliche Zinsen, die ihnen von den Herren Japy frères garantirt sind. Die Zahl der dort erbauten Häuser belief sich 1864 schon auf 94 in Beaucourt, auf 12 in Badevel und auf 25 in Lafeschotte. — vgl. Bull. 1865. S. 427 ff.

muss sich derselbe gewissen speziellen **polizeilichen Vorschriften** unterwerfen, welche die Aufrechterhaltung der Ordnung, der Reinlichkeit, sowie einer gewissen äusseren Symmetrie und Gleichförmigkeit in der Anlage der Häuser und Gärten der Cité bezwecken, und durch welche die Anlage oder Aufführung von Neubauten ebenfalls im sanitätischen und ästhetischen Interesse an gewisse Bedingungen gebunden wird, durch welche jedoch die Freiheit des einzelnen Besitzers in keineswegs belästigender Weise beschränkt werden soll.[28]) In späteren Jahren fügte die Gesellschaft noch die löbliche Bestimmung hinzu, dass Niemand Käufer oder Miether in der Cité werden solle, der sich nicht vorher verpflichtet habe, **seine Kinder stets regelmässig zur Schule zu schicken.**

Um sich in den Stand zu setzen, die Häuser recht billig zu erbauen, hat die Gesellschaft nach und nach dicht vor der Stadt und in der möglichsten Nähe der grossen Etablissements (zwischen Mülhausen und Dornach) **ausgedehnte Terrainplätze** erworben. Da dieselben theilweis wieder von anderen Bauten umschlossen wurden, meist von Spekulanten, die die Erfahrungen und Prinzipien der Arbeiterstadt nachzuahmen und in ihrem Interesse auszunutzen suchten, so ist hierdurch der Preis für Grund und Boden in jener Gegend natürlich fortgehend gestiegen. Während man im Anfang für den Quadratmeter Terrain zwischen der Kolmarer und Belforter Strasse, auf welchem die alte Cité sich erhebt, nur 1 Fr., für den Qu.-M. des jenseits des Kanals auf dem Bebauungsplan der neuen Cité belegenen Grund und Bodens sogar nur 70—90 Cts. gezahlt hat, sind die Preise heute um ein Bedeutendes, stellenweis sogar um das Zehnfache und darüber gestiegen und dadurch auch der Werth der ersterworbenen Häuser, welche sich heut zum Theil schon in dritter oder vierter Hand befinden, entsprechend in die Höhe gegangen. Auch die im Laufe der Jahre eingetretene Steigerung der Preise für Baumaterialien und der Arbeitslöhne, sowie der spätere Wegfall des für die allgemeinen Anlagen der ersten Cité verwandten Regierungsbeiträge, in Folge dessen fortan jede neugebaute Wohnung mit einem Antheil der allgemeinen

---

[28]) Vgl. Bull. von 1865 Anhang S. 34 f. *conditions d'admission* Art. 4. und ebenda die noch etwas strengeren polizeilichen Bestimmungen für die Cité in Gebweiler (*règlement de police concernant les propriétaires des cités ouvrières de Guebwiller*). Anders in Beaucourt, wo die mehr ländliche Lage gestattet, die Besitzer von jeder derartigen Beschränkung zu befreien.

Auflagen für Strassen, Brunnen u. s. w. belastet werden muss, hat dazu beigetragen, so dass schon i. J. 1865 ein Haus mit einem Stockwerk über dem Erdgeschoss statt auf 3000 Frs., wie i. J. 1852, auf 3300 bis 3400 Frs. zu stehen kam.

Da es ausdrückliche Bestimmung des mit dem Staate geschlossenen Abkommens war, dass diejenigen Gelder, welche am Ende jeder Abrechnungs-Periode disponibel bleiben würden, zu gemeinnützigen Zwecken zum Vortheil der Arbeiter in der Cité verwandt werden sollten, so hat die Gesellschaft bereits von den ersten Zeiten an ihre lebhafte Theilnahme theils der Gründung von solchen eigenen Anstalten, theils der Unterstützung solcher von der städtischen Kommune zu unterhaltenden zugewendet. So hat sie mit einer Summe von 31,000 Frs. zur Errichtung einer zweiten Kleinkinderschule in der neuen Cité und mit 4000 Frs. zur Unterhaltung der in der Franklin-Strasse bestehenden beigetragen; hat ferner 4000 Frs. zum Bau der beide Stadttheile verbindenden hölzernen Brücke zugeschossen und verzichtet jedes Jahr auf eine Miethe von ca. 300 Frs. für zwei Häuser, die sie als Wohnungen für zwei Diakonissen hergiebt und in denen diese und der Quartierarzt den Dienst an Armen und Kranken versehen. Ebenso bewilligt sie der Stadt eine Beihülfe von jährlich 3000 Frs. für die Herstellung und Unterhaltung der Strassen und Durchgänge, deren Ausdehnung bereits 1865 mehr als eine deutsche Meile betrug.

Um unter den Bewohnern der Cité einen gewissen Wetteifer hervorzurufen, schreibt die Gesellschaft ferner alljährlich eine öffentliche Preisbewerbung unter denjenigen Arbeiter-Familien aus, die durch Ordnung, Reinlichkeit und überhaupt durch gute Haltung ihrer Wohnung, sowie durch sorgfältige Pflege ihres Gärtchens sich auszeichnen. Ausgeschlossen von diesem Konkurse sollten nur solche Familien sein, deren Kinder es an regelmässigem Schulbesuch fehlen lassen. Eine besondere Kommission ist beauftragt, durch wiederholte unangekündigte Besuche derer, die sich an diesem ebenso friedlichen als ehrenvollen Wettkampf der Ordnung und Reinlichkeit zu betheiligen wünschen, die Würdigkeit der Einzelnen festzustellen und dabei ihre Aufmerksamkeit namentlich auf folgende Punkte zu richten: auf die äussere und innere Beschaffenheit des Hauses, auf den Zustand des Mobiliars, auf den in der Wirthschaft hervortretenden haushälterischen und Ordnungssinn, auf die Haltung der Kinder und die Erfolge ihres Schulbesuchs, auf die Höhe des Verdienstes durch die einzelnen Familienglieder u. dgl. m. Die Preise bestehen in ca. 10

Ehrendiplomen und in Geldprämien zu 20, 40 und 60 Frs., sowie in ehrenvollen Erwähnungen. [29])

Noch manche andere, theils der Initiative der Gesellschaft, theils der einzelner Mitglieder zu verdankende wohlthätige Einrichtungen der Cité verdienten im Anschluss hieran hervorgehoben zu werden; doch erscheint es zweckmässiger, dieselben weiter unten an Ort und Stelle ausführlicher zu beschreiben und nach diesen allgemeineren No-

---

[29]) Vgl. das ausführliche Statut bei Penot a. a. O. Anhang No. 8. — Solcher löblichen „*concours publics*", für Arbeiter giebt es hier eine ganze Reihe. Erwähnt sei vor Allem der von der Industr. Gesellschaft gegründete, zur Heranbildung geschickter und intelligenter Heizer, (*concours entre les chauffeurs des chaudières à vapeur du Haut-Rhin*); die sich hierzu meldenden Dampfkesselheizer treten jedes Jahr zu einem Wettkampf zusammen, der für jeden drei Tage dauert und wobei die von der hierzu bestellten Kommission für am geschicktesten erachteten, ausser den allen gewährten Reise- und Tagegeldern, Diplome, silberne Medaillen und Geldprämien (5 zu 100, 5 zu 50, 2 zu 25 Frs.) erhalten.
Auch mehrere andere Preise und Stipendien verdienen hier rühmend erwähnt zu werden; so — ausser den von der Gesellschaft ausgeschriebenen (s. o.) — ein „prix Emile Dollfus", welcher alle 10 Jahre eine Ehren-Medaille und 6000 Frs., und ein „prix Daniel Dollfus", welcher ebenso eine Ehren-Medaille und 10,000 Frs. demjenigen zugesteht, welcher von der Gesellschaft als der Urheber der nützlichsten Erfindung oder Entdeckung auf dem Gebiete der im Departement Ober-Rhein betriebenen Industrieen erfunden wird — Ferner eine „Dotation Henri Haeffely" v. J. 1867, die der Industr. Gesellschaft eine jährliche Rente von 5000 Frs. überweist, um damit Kindern von Arbeitern den Besuch der Handelsschule zu erleichtern und zu irgend welcher neuen Stiftung zum Fortschritt des Handels und der Industrie beizutragen. Hiervon werden 2000 Frs. an arme Kinder der Primärschulen, 2000 Frs. für die Zeichenschule (s. u.), um deren Besuch unentgeltlich zu machen, und 1000 Frs. zu Prämien und Diplomen und 25 silberne Medaillen und Geldsummen von 50 oder 25 Frs. an solche Arbeiter beiderlei Geschlechts vertheilt, welche sich in hiesigen Etablissements durch langjährige Treue oder durch ausserordentliche Dienste ausgezeichnet haben. — Von demselben ist u. a. eine Stiftung von 40,000 Frs. für treue Arbeiter; dieselbe gewährt jedem Arbeiter über 21 Jahre, der wenigstens 5 Jahre in seiner Fabrik in Pfastadt gearbeitet hat, eine Belohnung von 400 Frs. Einzahlung in die Sparkasse und jeder Arbeiterin über 16 Jahre ebenso 150 Frs. — (vgl. Bull 1867. S. 120. S. 379 ff.) — ebenso für alte Werkmeister und die ältesten Arbeiter (Bull. XXXVII, S. 379) — In seinem soeben eröffneten Testament (er starb am 9. Februar 1877) hat ebenderselbe der Soc. Industr. weitere 300,000 Frs., der Gemeinde Pfastadt u. A. ein bedeutendes Terrain im Werth von circa 1 Million Frs. zu gemeinnützigen und wohlthätigen Zwecken vermacht. — Von mehreren anderen Fabrikanten wäre Aehnliches zu melden.

tizen über die Entstehung und Begründung der Cité, sowie auf Grund der hierdurch gewonnenen Orientirung nunmehr zu einer näheren Beschreibung dieser selbst überzugehen, um dabei das Einzelne ihrer Einrichtungen und Anlagen genauer kennen zu lernen.

Betreten wir dieselbe zu dem Ende an der Hand des beigefügten Situationsplanes [30]) von ihrer östlichen (nach dem Plan westlichen) Seite aus, da wo dieselbe durch die „Strassburger Strasse" auf die Kolmarer Vorstadt stösst. Wenige Schritte in der ersteren und wir befinden uns mitten im Eingang des Arbeiter-Quartiers!

Auch wenn wir es vorher nicht wüssten, und wenn auch keine Tafel oder Aufschrift über einem besonderen Eingangsthor es uns meldet, — das plötzlich veränderte Bild städtischer Physiognomie lässt uns keinen Augenblick im Zweifel, dass wir hier an dem erstrebten Ziele unserer beabsichtigten Wanderung sind.

Die vielen sich äusserlich so auffallend gleichenden Häuschen und Gärtchen, die so regelmässig sie durchschneidenden Strassen und Durchgänge machen auf uns den unmittelbaren Eindruck einer freundlichen Arbeiter-Kolonie. Es sind nicht mehr die einförmig-steifen, vornehm-kalten städtischen Charakterzüge — hochragende, ununterbrochene, ebenso langweilige wie langzeilige Häuserfaçaden, die wie gigantische Mauern zu beiden Seiten des harten Strassenpflasters sich aufthürmen, in denen das Rasseln der Wagen und der Lärm des Verkehrs das Ohr betäubt und den Kopf verwirrt, die dem armen Bewohner derselben Licht und Luft und Aussicht auf Himmel und Erde entziehen, — das ist vielmehr der frische, gefällige Anblick eines landschaftlichen Bildes, das uns ringsher umgiebt und das uns aus dem dichten Grün der Alleen und Baumgruppen und der Weinlauben, und aus dem bunten Blumenschmuck der Gärten freundlich anmuthet, während doch zugleich die Regelmässigkeit der Anlage, die Haltung der Strassen und Plätze und Fusswege, der Stil und Anstrich der Häuser und vieles Andere den mehr als ländlichen Geschmack verräth und uns für das Ganze eine glückliche Verbindung von Stadt und Land zu bezeichnen scheint.

Der Theil der Arbeiter-„Kolonie" — es möchte dieser Name von allen gebräuchlichen vielleicht der bezeichnendste sein, — den wir zuerst betreten, ist zugleich der älteste derselben; die sogenannte

---

[30]) S. Tafel No. 1.

## Allgemeine Anlage. Reihenhäuser.

**Alte Cité.** Sie erstreckt sich zwischen der Franklin- (resp. Dollfus-) und Köchlin-Strasse im S. u. W. einerseits, bis zur Kolmarer- und Belforter-Strasse im O. u. N. andrerseits.

Die schöne Hauptstrasse, die wir betreten, und die die alte und neue Cité nach deren ganzen Ausdehnung durchschneidet, führte vordem zu Ehren ihres Mitbegründers den Namen Napoleons-Strasse (jetzt Strassburger-Strasse). Sie hat eine Breite von 11 Meter, von denen 3 Meter auf die doppelten Fusswege kommen, die von behauenen Steinen eingefasst, zu beiden Seiten sie begrenzen. Die grösseren Querstrassen, wie sie namentlich die neue Cité durchschneiden, haben die etwas geringere Breite von nur 8 M., während die zwischen je zwei Häuserreihen sich hinziehenden Durchgänge nur c. 2 M. breit sind. An den etwas abgestumpften Ecken der Haupt- und Querstrassen in nicht allzuweiten Abständen befinden sich öffentliche Pumpen, welche ein vorzügliches Wasser geben. Ausserdem sind alle Strassen zur Verschönerung und aus Rücksichten der Gesundheit mit Reihen von (schon jetzt prächtig herangewachsenen) Lindenbäumen bepflanzt und mit einer ausreichenden Zahl von Gaslaternen versehen. Strassen und Trottoirs sind macadamisirt und an den Seiten mit gepflasterten Rinnsteinen versehen, die ihrerseits mit einem gemauerten unterirdischen Abzugskanal in Verbindung stehen. Während die Stadt in ihren übrigen Theilen in dem wohlverdienten Rufe grosser Unsauberkeit und schlechten Strassenpflasters steht, pflegen Wege und Stege in der Cité, selbst bei feuchter Witterung, fast ausnahmslos von der besten Beschaffenheit zu sein. —

Wenden wir hiernach unsere Aufmerksamkeit den einzelnen Häusern zu.

Was zunächst deren Konstruktion anbelangt, so ist vorab zu bemerken, dass dieselben keineswegs gleichmässig erbaut, sondern dass in den verschiedenen Abtheilungen auch verschiedene Systeme zur Ausführung gelangt sind. Vier Kategorien von Häusern sind es, die schon nach dem allgemeinen Situationsplan unsere besondere Aufmerksamkeit auf sich ziehen. Sie lassen sich folgendermassen bezeichnen:

### I.

Reihenhäuser, welche in grösserer Zahl neben einander in Gruppen von 10, 18 oder 20 unter einem Dach vereinigt sind und von denen je 2 und 2 mit der Rückwand an einander stossen und deren jedes seinen Garten vor dem Hause hat. Dieselben, obgleich am wenigsten Raum erfordernd und daher die verhältnissmässig billigsten, — sie kosteten im Anfang, je nachdem sie in der Mitte oder an den Ecken lagen und Tag- oder Nachtlicht oder eine Doppel-Lichtseite hatten 1850—2150 Frs., jetzt 25—30% mehr — haben das Nachtheilige, dass sie das Tageslicht nur von einer Seite, der vorderen, erhalten und dass sie darum im Verhältniss zu den anderen weniger reichlich mit Licht und Luft[31] versehen sind, dass eben daher die innere Vertheilung schwieriger und ihr Aeusseres weniger gefällig ist.[32]) Aus diesen Gründen ist man später von denselben gänzlich zurückgekommen und finden wir, wie auch aus dem Plan ersichtlich, nur 7 Häuserreihen dieser Bauart an den Grenzen der alten und links am Eingang der neuen Cité (s. Tafel Nr. I. A G. K.[33])

## II.

Der vorbeschriebenen Klasse am meisten verwandt und äusserlich gleichend ist eine kleinere Zahl von Häusern (20) derselben Kategorie an der Papin-Gasse und Belforter Strassenfront, welche ebenfalls eine Reihe bilden und unter einem Dach fortlaufen, sog. Häuser zwischen Hof und Garten, die sich von den ersteren nur dadurch unterscheiden. dass sie nur nach einer Seite hin sich mit dem Nachbarhause begrenzen und ihre hinteren Seiten nicht von anstossenden Häusern, sondern von einem kleinen Hofe begrenzt sind. so dass sie alle eine gemeinsame Front- und Hofseite haben. Sie haben den Vortheil, dass sie 2 gegenüberliegende Lichtseiten mit freier Aussicht haben, wodurch die innere Einrichtung bedeutend erleichtert, Licht und Luft in ausreichendem Masse vorhanden sind. Da sie auch etwas grössere Dimensionen haben, so waren sie vorzüglich zu Wohnungen für Werkmeister bestimmt und konnten wegen des höheren Preises nicht leicht von einfacheren Arbeitern erworben werden. In den Jahren 1854/55 zu 3000—3100 Frs. verkauft,

---

[31]) Die grössten von ihnen, die in der alten Cité belegen sind, haben eine Länge von 6 M. auf 5,25 im Innern.

[32]) Sie haben in ihrem mannigfaltigen bunten Anstrich stellenweise das Aussehen einer Musterkarte.

[33]) Der Plan umfasst die ganze alte Cité, von der neueren jedoch nur den südlichen Theil, während der nördliche (untere) Theil derselben sich in noch mehreren entsprechenden Parallelreihen (im Ganzen 18) nach unten (N.) hin fortsetzt.

— sie fanden schon wegen ihrer günstigen Strassenlage den schnellsten Absatz, — galten sie 10 Jahre später schon 5—6000 Frs. Aus diesem Grunde und weil sie im Uebrigen mehrfach die gleichen Mängel der ersteren an sich tragen, hat man von der Erbauung solcher in der Folge ebenfalls Abstand genommen. (s. Tafel Nr. II. u. Sit.-Plan H.)

## III.

Die zweite Hauptkategorie von Häusern, welche am häufigsten vertreten ist, sind die sogenannten Gruppenhäuser (s. Tafel III.), welche in der Zahl von vier unter einem Dache vereinigt sind und deren Lage in der Mitte eines Gartens ist, der sich in ebenso viele gleiche' Theile theilt und von welchem jede der 4 Wohnungen auf der vorderen und auf der Giebelseite umschlossen ist. Die Grundfläche beträgt für Haus und Garten 160 ☐M. Die Häuser dieser Klasse enthalten ein Erdgeschoss und ein erstes Stockwerck; sie haben sich in der Erfahrung als die besten bewährt, weil die Lage der Wohnungen bei dieser Vertheilung die freieste, gesundeste und freundlichste ist, und weil dadurch, dass Licht und Luft zu denselben von zwei Seiten Zugang haben, sowohl die Ventilation als auch die innere Raumvertheilung hier unter den vortheilhaftesten Bedingungen möglich ist. Sie sind darum in der Folge für Mülhausen wenigstens als mustergültig angenommen worden; sie haben nur einen Uebelstand, dass sie nämlich, indem sie grösser und geräumiger[34]) und freier liegend, darum nothwendig auch theurer als jene erstbeschriebenen sind. Dieselben kosteten im Anfang, je nachdem ihre Front nach Norden oder nach Süden lag, 2700 - 2900 Frs., 1865 in Folge der Preissteigerung für Löhne und Materialien 3300— 3400 Frs, also fast 500 Frs. mehr als 10 Jahre vorher, während ihr gegenwärtiger Preis sich um ein bedeutendes höher belaufen dürfte[35]).

## IV.

Um letzterem Uebelstande abzuhelfen, gleichzeitig aber alle anderen Vortheile des eben beschriebenen Systems möglichst beizube-

---

[34]) Zur besseren Ventilation ist in der Mittelwand zwischen je 2 Häusern ein besonderes Luftrohr angebracht, zu welchem der Zugang von den Zimmern aus geöffnet oder geschlossen werden kann.
[35]) nach Engel-Dollfus a. a O., im Jahre 1876 sogar bis 3700 Frs.

halten, hat man endlich noch eine dritte oder, wenn man will, vierte Kategorie von Häusern errichtet, die den vorigen im Ganzen verwandt, sich von diesen nur dadurch unterscheiden, dass sie kein erstes Stockwerk haben, deren Grundfläche aber dafür etwas grösser ist (5,25 M. Länge auf 5 M. Breite), während dadurch die des Gartens um ebensoviel verringert ist, (die Totalfläche des Grundstückes beträgt hier jedoch ebenfalls 160 ☐M). Es sind dies also ebenfalls Gruppenhäuser, von je vier Wohnungen unter einem Dach, aber mit einfachem Parterre und einem etwas erhöhteren Dachgeschoss, welches die Anbringung von Mansarden gestattet, und deren Preis sich in den ersten Jahren je nach der nördlichen oder südlichen Lage der Hauptfront auf 2425—2575 Frs., im Jahre 1865 schon auf ca. 150 Frs. mehr (ch. 2650 Frs.) belief, deren Verkaufswerth jetzt aber auf 3000—3200 Frs. (also um 600 Frs.) gestiegen ist. Diese Art Häuser, von denen man allein im letztverflossenen Jahre 28 neue errichtet hat und von denen bereits 32 weitere für das laufende Jahr projektirt sind, scheinen, wie ein Blick auf die letzterbauten Theile der neuen Cité beweist, in den letzten Jahren die von den Arbeitern beliebteste und begehrteste gewesen zu sein. Viele von ihnen sind im Laufe der Zeit, wahrscheinlich auf Grund weiterer zurückgelegter Ersparnisse, von ihren Besitzern nachträglich um ein Stockwerk erhöht worden, so dass sie an Umfang und Zahl der Räumlichkeiten den vorgenannten ziemlich gleich kommen, sie sogar in etwas übertreffen; nur dass das Aeussere der Häuser dadurch im Verhältniss zu jenen und zu ihrer eigenen ursprünglichen Gestalt oft sehr verloren hat, indem mit dem meist wenig künstlerisch angelegten Aufstreben des einen Hausviertels über das Dach der anderen drei hinaus, die architektonische Einheit eines solchen Hauses begreiflicherweise nicht gerade gewonnen hat [36]. (s. Tafel Nr. IV.)

Lassen wir es jedoch nicht mit einer äusserlichen Bekanntschaft genügen, sondern treten wir, von der Freundlichkeit der meisten ihrer

---

[36] Das Haus Dollfus-Mieg & C$^{ie}$ in Dornach hat es durch neue wiederholte und eingehende Prüfungen und Studien der Arbeiterwohnungsfrage dazu gebracht, nach einem aus dem obigen kombinirten System noch billigere Arbeiterwohnungen zum Kaufpreis von 1000 bis 1500 Frs. und zum Miethpreis von 5 Frs. 8 Cts. (gegen 11 Frs. 50 Cts. in Mülhausen) pro Monat herzustellen. — Vgl. Bull. 1871 S. 290 fl.

Bewohner Gebrauch machend, zur näheren Besichtigung in eines jener an der Strasse gelegenen Häuser — und zwar in eines jener Gruppenhäuser (Tafel Nr. III.) selber ein. Durch eine kleine Thür in der ursprünglich aus einfachem Gitterwerk, jetzt aber bei vielen aus einem soliden, gestrichenen Lattenzaun bestehenden Umzäunung, welche auf allen vier Seiten das Grundstück umschliesst, gelangen wir zunächst in den Garten. Derselbe nimmt einen Flächenraum von 120 ☐M. ein und ist gewöhnlich an der Seite des Eingangs, sowie an den Längeseiten mit Weingeländen eingefasst, welche in vielen Fällen den Zugang zum Hause laubenartig überschatten oder auch die Fenster am Hause freundlich umranken. Hier und da ragt aus der Mitte des Gärtchens oder zur Seite des Giebels ein Gartenhäuschen oder eine Laube hervor, welche den Bewohnern des Hauses in der wärmeren Jahreszeit einen angenehmen schattigen Aufenthalt im Freien gewährt. Auch an einigen Obstbäumen und Ziersträuchern fehlt es fast keinem. Der übrige Theil des Gartens ist theils zur Unterbringung von Wirthschaftsgeräthen, Karren, Handwagen u. dgl., theils und zumeist zur Gartenkultur bestimmt. Der Besitzer baut sich darauf einen Theil seines Küchengemüses, dessen Werth man nach der Berechnung des Herrn Dr. Penot auf jährlich 30—40 Frs. veranschlagen kann, und womit einige sogar einen kleinen Handel verbinden. Was aber den eigentlichen Werth des Gartens ausmacht, das ist nicht sowohl der daraus für die Küche gezogene Nutzen, sondern so zu sagen dessen moralischer Werth, den er für den Besitzer des Hauses und dessen Familie hat. Derselbe findet darin für sich, seine Frau und seine Kinder einen angenehmen Aufenthalt, wo er den Feiertag und den Feierabend mit den Seinigen heiter und gemüthlich zubringen kann. Die Kinder, besonders die kleineren, können darin nach Herzenslust in freier Luft spielen, ohne den Gefahren der offenen Landstrasse ausgesetzt zu sein, während den grösseren bereits ein Antheil an der Bebauung und Pflege des Gartens übertragen werden kann. In vielen Gärtchen ist ein Theil, in einigen sogar der ganze Bodenraum zur Anlage von Blumenbeeten verwandt, aus deren Verkauf einige selbst einen kleinen Gewinn zu ziehen wissen und von denen her viele Fenstergesimse ihren freundlichen Blumenschmuck erhalten. Es besteht in dieser Blumenliebhaberei sogar ein förmlicher Wetteifer unter den Citébewohnern und eine Art Rangstreit, in einigen Spezialitäten, z. B. in Rosen, die schönsten Exemplare zu ziehen. Einige

Gärtchen und Häuschen sind in dieser Beziehung wahre Schmuckkästchen zu nennen. Bei der geringen Ausdehnung und bequemen Lage des Gartens ist es Jedem möglich gemacht, denselben in den Mussestunden selbst zu besorgen. Welch ein Vortheil aber aus dieser Beschäftigung dem den Tag über in oft ungesunden Fabrikräumen beschäftigten Arbeiter gewährt wird, das braucht wohl nicht erst besonders hervorgehoben zu werden, ebensowenig der hiermit von selbst verbundene ebenso hohe sittliche Gewinn, dass er hierdurch angehalten wird, die Feierzeit zu Hause im Kreise der Seinigen zu verleben, statt, wie er sonst wohl pflegte, in dumpfen und ungesunden Wirthshäusern und in schlechter Gesellschaft sein Geld zu verliedern, während Frau und Kind daheim vielleicht darben mussten. Als der Minister des öffentlichen Unterrichts, Herr Duruy, i. J 1864 Mülhausen und dabei auch die Arbeiterstadt besuchte, so erzählt Herr Dr. Penot, — dessen ausführlichen Berichten wir die meisten Aufschlüsse über die Cité verdanken, — und dort eine Frau, deren Haus im Einzelnen zu besehen er sich erbeten hatte, nach einigem Anderen fragte: wo ihr Mann seine Abende zubringe? lautete die bezeichnende Antwort: „Bei uns daheim, seit wir unser Haus haben"[37]).

Doch so gern wir uns an diesem heimlichen Plätzchen noch weiteren Reflexionen über die Wohlthätigkeit jener Einrichtung überliessen und dem Gedanken nachhingen, wie schön, wie viel besser wohl manches in unseren gesellschaftlichen Zuständen wäre, wenn einem Jeden auf diesem Erdenrund sein Stückchen Antheil zu eigenem Häuschen und Gärtchen beschieden wäre, wenn mit dergleichen Einrichtungen namentlich dem unnatürlichen Zusammenwohnen der städtischen Bevölkerung, dieser Hauptursache so vieler sittlicher und sozialer Schäden, mehr und mehr könnte gesteuert werden, — wir dürfen nicht länger verweilen, und eilen das Haus selbst zu betreten.

Auf 4 Stufen steigen wir die kleine steinerne Treppe empor, die uns durch die sauber gestrichene, meist oben durchbrochene und mit einem Glaseinsatz hinter einem gusseisernen Gitter versehene Hausthür in das Erdgeschoss[38]), und zwar unmittelbar in die Küche führt. Diese hat eine Länge von 3,94 und eine Breite von 2,04 M. und wird

---

[37]) Vgl. Channing bei Engel (a. a. O. S. 23.): „*Faites naître ces affections (domestiques) dans la cabane du pauvre, vous lui aurez donné les éléments du plus grand bonheur dont on puisse jouer ici-bas.*"

[38]) Dasselbe liegt 0,80 M. über der Sohle des äusseren Erdbodens.

durch das über der Hausthür befindliche Glasfenster, sowie durch ein zur Seite der Hausthür befindliches mittelgrosses Fenster (von 0,50 M. Breite und 0,80 M. Höhe) hinreichend erhellt. Der Fussboden ist mit gut gebrannten Ziegelsteinen gepflastert, die, um das Eindringen von Feuchtigkeit zu verhindern, in ein Cementlager eingesetzt sind. Der Kochheerd, meist eine zu billigem Preise von der Gesellschaft gelieferte [39]) eiserne Kochmaschine, befindet sich in der Mitte der dem Wohnzimmer gegenüberliegenden Seitenwand, in welcher der Schornstein emporführt, während eine zweite nebenliegende Esse zur Ventilation des Kellers dient. Der Spülstein ist neben der Hausthür unmittelbar unter dem kleinen Vorderfenster angebracht; aus diesem wird das Küchenwasser, wie das Regenwasser, durch eine für je zwei Häuser gemeinsame, gepflasterte (am Hause eiserne) Rinne abgeführt. — Im Hintergrunde der Küche, dem Eingang gegenüber, befinden sich die Treppen, von denen die eine in den Keller, die andere nach dem ersten Stockwerk führt. Der zwischen beiden Treppenwangen befindliche Raum ist in wahrhaft ökonomischer Raumbenutzung zu Wandschränken für Küchengeräth u. dgl. benutzt.

Der Keller, um auch diesen nicht zu übergehen, erstreckt sich unter der ganzen Oberfläche des Hauses (hat also eine Grösse von etwa 40 Q.-M.), welches dadurch weniger feucht und gesunder wird. Der Raum zwischen der Decke und dem oberen Fussboden ist doppelt gedielt und mit trockenem Füllungsmaterial gefüttert.

Indem wir wieder zur Küche aufsteigen, begeben wir uns von dieser durch die dem Heerd schrägüberliegende Thür nach dem Wohn-

---

[39]) Dieselbe übernimmt ebenso die Lieferung von allerlei Hausgeräth und Wirthschaftsgegenständen: Kohlenöfen, Kohlen, Koakes u. dgl.; ebenso von etlichen Kleidungsstücken, u A. von soliden tuchenen Wintermänteln, zum Preise von 6 Fr. 50 Ct., die sie aus den Fabriken von Carcassonne (Dep. de l'Isle) bezieht und von denen sie in 4 Jahren mehr als 6000 Stück zum Selbstkostenpreise absetzte. Die Bezahlung erfolgt theilweise durch Einbehaltung vom Lohn. — Aehnliche Fürsorge für ihre Arbeiter übernehmen die Häuser Dollfus-Mieg & Cie. in Dornach, Köchlin-Dollfus & Cie. u. A. Dieselben liefern ihnen z. B. Hemden, Blousen, Beinkleider u. dgl., welche ihnen zu einem sehr billigen Preise von dem unter Frau Wittwe Valentin Meyer stehenden Verein geliefert werden, welche dieselben von alten Frauen, meist Wittwen von Arbeitern, zu Hause anfertigen lässt. In diesem Verein erhalten kranke und invalide Arbeiter äussere Unterstützungen und Beschäftigung im Hause mit Anfertigung von Strohflechten, Lampenputzern, Decken u. dgl.

zimmer, einem grossen Raum von 5 M. Länge und 5,40 M. Breite. Dasselbe erhält sein Licht durch zwei Fenster, ein vorderes und ein auf der Giebelseite befindliches, und ist geräumig genug, um ein (grosses) Bett und das sonstige nöthige Mobiliar aufzunehmen. Die Fenster sind überall nach hiesiger Sitte nach innen mit kleinen Vorhängen, nach aussen mit freundlich gestrichenen Sommer-Läden (Jalousien) und im Winter fast durchgängig mit Doppelfenstern versehen.

Vom Wohnzimmer und aus der Küche steigen wir auf der schon erwähnten hölzernen Wendeltreppe zum ersten Stockwerk empor und treten dort über einen kleinen Flurraum, welcher, wie die Treppe, sein Licht durch eine Glasthür in dem oberen Vorderzimmer erhält, zunächst seitwärts in ein kleineres Zimmer von $3^1/_2$ M. Länge und $2^1/_4$ M. Breite ein, in welches das Tageslicht durch das auf der Giebelseite befindliche Fenster fällt. An dieses stösst das grössere zweifenstrige Vorderzimmer, zu welchem der Eingang ebenfalls vom Treppenflur aus führt. Beide Zimmer sind bei grösseren Familien zu Schlafzimmern für die Kinder, oder für die Eltern und Kinder, oder zu anderweitiger beliebiger Verwendung bestimmt, bei kleineren Familien werden sie meist an andere alleinstehende Arbeiter oder kinderlose Arbeiterfamilien, auch als chambres garnies vermiethet.

Ebenfalls vom Flur aus führt eine dritte Treppe, an deren Wandung wieder entsprechende Wirthschaftsschränke angebracht sind, zum Boden empor, der zum Aufbewahren von Holz und anderen Vorräthen, sowie (gleich dem Garten) zum Trocknen der Wäsche dient. Derselbe ist absichtlich nicht zu hoch angelegt, theils aus Oekonomie, theils um zu verhindern, dass die Eigenthümer dort noch neue Zimmer herrichteten, welche in Rücksicht auf die Gesundheit sowohl im Sommer, als auch im Winter ziemlich viel zu wünschen übrig lassen würden. — Das Dach ist mit gebrannten Dachsteinen gedeckt und mit Dachrinnen für das Regenwasser versehen. — Die mit Cement ausgemauerten und mit einer Steinplatte überdeckten Senkgruben des Hauses sind ausserhalb desselben in möglichster Entfernung vom Eingang an der Giebelseite, für je zwei Häuser anstossend, angebracht und entsprechen durch Ventilations-Vorrichtungen u. dgl. allen aus Rücksicht der Gesundheit und Reinlichkeit irgend wünschenswerthen Anforderungen, so dass die Cité gerade auch in dieser Beziehung den übrigen Theilen der Stadt Mülhausen als Muster vorangestellt werden darf. — Erwähnt sei noch, dass durch eine im Mauerwerk des Erdgeschosses eingefügte Cementlage von 15 Millim. Dicke das Eindringen von Feuchtigkeit in die Wände des Hauses verhindert wird, endlich, dass die Fenster- und Thürbekleidungen, wie hier üblich, von behauenen Steinen sind, die zum Schutz gegen das Wetter über das Mauerwerk vorspringen und die an den Fenstern unten zum besseren Ablauf des Wassers abgeschrägt sind.

Da die Grösse der hier beschriebenen Wohnungen, wie begreiflich, die Bedürfnisse einer einfachen, oft nur aus wenigen Gliedern bestehenden Arbeiterfamilie häufig übersteigt, — es betrug die Miethe für die Häuser mit einer Oberfläche von 47 Q.-M. monatlich 22 Frs., — so vermiethen, wie schon angedeutet wurde, die Eigenthümer oder Miether derselben in vielen Fällen den oberen oder unteren Stock, indem sie sich für ihre Person zur Erzielung einer möglichst hohen Miethe oft nur auf den nothwendigsten Raum beschränken.

Da die Verwaltung erkannte, dass auf diese Weise und mit so geräumigen Wohnungen ihr Zweck nicht vollständig erreicht wurde, so hat sie für einige dieser Gruppenhäuser die Grössenverhältnisse verringert, wobei sich ergab, dass die von 25—30 Q.-M. Flächeninhalt, vermiethet zu einer monatlichen Miethe von 17 Frs., der Mehrzahl der Arbeiter am meisten konvenirten. Von den für noch ärmere oder kleinere Familien errichteten einstöckigen Gruppenhäusern, von 6 M. 50 Länge und 5 M. 50 Breite, ist oben schon die Rede gewesen, und bedarf es einer genaueren Beschreibung derselben wohl um so weniger, als ihre Einrichtung derjenigen der grösseren — *mutatis mutandis* — im Grossen und Ganzen entspricht, (sie bestehen aus der Küche und zwei grossen Zimmern im Erdgeschoss und haben ein höheres Dach zur Anbringung von Mansarden, vgl. Tafel Nr. IV.).

---

Wenden wir uns darum, nach dieser Spezialbesichtigung eines einzelnen Arbeiterhauses, unserem weiteren Gange durch die Cité und deren übrigen Einrichtungen zu.

Der Strassburger Strasse folgend, gelangen wir wenige Schritte weiter, ziemlich in der Mitte der alten Cité, an einen grossen freien Platz, welcher mit Bäumen bepflanzt und an seinen Seiten von höheren, theils verbundenen, theils einzelstehenden Gebäuden begrenzt ist (s. den Situationsplan, Tafel 1.). Es ist der Strassburger Platz (früher *Place Napoléon*), durch welchen die ganze Anlage etwas freier, freundlicher wird und durch dessen Bestimmung das ganze Unternehmen in noch besonderem Grade den Ausdruck des Gemeinnützigen, dem Gemeinwohl der Arbeiterbevölkerung Dienlichen erhält.

In der That sind die meisten der ihn umgebenden Gebäude, oder waren es wenigstens, dem physischen und moralischen Wohl der das Quartier bewohnenden Arbeiter bestimmt.

Beginnen wir unsere nähere Besichtigung zunächst auf der Seite, welche uns auf unserem Wege von der alten zur neuen Cité zur Linken liegt. Das grosse einzelnstehende Gebäude, welches uns hier auffällt, präsentirt sich uns durch seine Inschrift als die „öffentliche Wasch- und Bade-Anstalt" (Bains et lavoirs). (Tafel I. D.) In der richtigen Erkenntniss, dass Reinlichkeit des Körpers und der Wäsche nicht nur vom hygienischen, sondern auch vom moralischen Standpunkt aus betrachtet, für das Wohl namentlich des Fabrikarbeiters, der einen grossen Theil des Tages in staubigen oder durch üble Ausdünstungen infizirten Fabrikräumen zubringen muss, von der höchsten Wichtigkeit seien, sowie ermuthigt durch die Erfolge, welche die Stadt in Verbindung mit Herrn Jean Dollfus durch die ähnliche Anstalt in der Diedenheimer Gasse[40]), sowie andre Fabrikanten in von ihnen errichteten Privat-Fabrik-Bade- und Wasch-Anstalten erreicht hatten, hatte die Gesellschaft gleich von Beginn an einen Theil der von der Regierung erhaltenen Subvention zur Errichtung eines solchen Etablissements ausersehen. Im Jahre 1855 schritt sie zur Ausführung dieses Planes auf Grund der hierzu dienenden Vorstudien und Vorbereitungen, deren Zweckmässigkeit wir sogleich des Nähern prüfen wollen.

Auf vier Stufen betreten wir das Erdgeschoss der aus einem zweistöckigen Vorderbau und einem hinteren saalartigen Anbau bestehenden Anstalt, welche neben dem zur Rechten vom Eingang befindlichen Büreau des Verwalters 10 Badezellen enthält, deren jede mit

---

[40]) Zur Errichtung dieser a. d. J. 1851 datirenden Anstalt hatten die Stadt, der Staat und Herr Jean Dollfus je ein Dritttheil beigetragen; (laut Dekret vom 3. Februar 1851 hatte sich der Staat verpflichtet, denjenigen Städten, welche öffentliche Wasch- und Badehäuser errichten würden, ⅓ der Kosten zu erstatten). Sie enthält 8 Kabinette und 2 Familienbäder. Die Waschanstalt besteht aus 2 Bassins von 14 M. Länge, 2 M. Breite, 0,55 M. Tiefe mit Platz für 48 Wäscherinnen. Der Preis für ein Bad beträgt 15 Cts. (12 Pf.); der für Wäsche 5 Cts. (4 Pf.) für je 2 Stunden. Auch diese Anstalt wird mit Kondensationswasser (s. u.) aus Fabriken (zu 35 Ctgr.) gespeist. Die Zahl der jährlichen Bäder wird auf 8—9000, die der Wäschen auf mehr als 40,000 geschätzt. Vgl. Bull. 1865 S. 406 u. Hack a. a. O.

einer Badewanne von emaillirtem Gusseisen[41]), einem Schemel, Kleiderrechen, kleinen Spiegel, einer Schelle und anderem Zubehör ausgestattet ist, und welche durch häufiges Scheuern und öfter erneuten Anstrich von der Verwaltung in musterhafter Reinlichkeit gehalten werden. Der Preis jedes Bades, welcher im Anfang pro Bad (mit c. 30 Minuten Badezeit) und Badewäsche (2 Handtücher) 20 Cts. (16 Pf.) betrug, ist später nach Hinzutritt weiterer Bade-Anstalten auf 15 Cts. (12 Pf.) herabgesetzt worden. Die Erhebungen in den verschiedenen Jahren ergaben z. B. pro 1864 über 8600; 1865 über 11000; 1866 über 9400 daselbst genommene Bäder.

Hinter dem Badehaus, einige Stufen abwärts und dem äusseren Erdboden gleich gelegen, befindet sich unmittelbar anstossend das Waschhaus. Dasselbe enthält in einer doppelten Mittelreihe und zwei Seitenreihen im Ganzen 40 Waschstände mit eben so vielen Waschgefässen und erhöhten Waschbrüstungen. Oberhalb der Bottiche laufen Röhren von galvanisirtem Eisen, mit je einem Hahn für jeden Waschzober, durch welche beständig heisses Wasser fliesst, das vermittelst Thonröhren in einer Temperatur von c. 30 Centigraden aus zwei in der Nähe befindlichen Fabriken hergeleitet wird, und welches in ein in demselben Saale befindliches Reservoir abfliesst, von wo aus es vermittelst Druckpumpe gleichzeitig zur Speisung der oben beschriebenen Badezellen verwendet wird. — Eine unter den Waschständen fortlaufende gemauerte Rinne dient zur Abführung des nicht verbrauchten und unreinen Wassers. Ausser der unbeschränkten Benutzung des warmen Wassers beim Waschen ist jeder Wäscherin noch das Mitnehmen von solchem zum Scheuern oder Waschen in der Wohnung gestattet. Zur ebenfalls unentgeltlichen Benutzung derselben stehen ferner eine in der vorderen Mitte des Waschhauses aufgestellte Wringmaschine (hydro-extracteur), welche von zwei Frauen zugleich bedient werden kann, sowie der in dem zweiten Stockwerk des Vorderhauses befindliche Trockenboden, welcher mit galvanisirten Eisendrähten zum Aufhängen der Wäsche überspannt und zur Herstellung wirksameren Luftzuges ringsumher anstatt der Mauern mit Luftfenstern geschlossen ist.

Um die Operation des Trocknens, namentlich im Winter, zu beschleunigen, hat man oberhalb des Reservoirs eine Trockenkammer

---

[41]) Im Werth von 160 Frs. pro Stück; die billigeren von Fayence haben sich nicht bewährt.

(séchoir) angelegt, eine Art kolossalen Schrank oder Luftkasten, in welchen die heisse Luft in hoher Temperatur aus dem im Keller befindlichen calorifère geleitet wird und in welchem die Wäsche nach wenigen Minuten getrocknet ist. Obgleich der Preis für die Benutzung desselben so niedrig als möglich, nämlich auf 50 Cts. (40 Pf) pro Stunde festgesetzt ist, was kaum dem Werth der verbrauchten Kohle gleichkommt, so ist derselbe den meisten Frauen doch noch zu hoch, indem diese es vorziehen, die Wäsche in ihren Häusern am Ofen resp. in ihren Gärten zu trocknen. Der ganze Ertrag dieser letzteren beläuft sich daher im Jahre nur auf c. 30 Frs., die meist auf wohlhabendere Familien in der Stadt fallen, denen die Mitbenutzung der Anstalt freisteht. So gut diese Einrichtung auch gemeint sein mag, so erweist sie sich doch hiermit durch die Erfahrung für jene Klasse der Bevölkerung als zu luxuriös und entbehrlich. — In dem ersten Stocke des Vorderhauses befindet sich ausserdem ein Plättsaal, der jedoch ebenfalls wenig benutzt wird, weil die Frauen wegen der Aufsicht der Kinder und der Wohnung und der Besorgung der Küche meist nicht über zwei Stunden von Hause wegbleiben können; — ferner ebenda die aus zwei Zimmern bestehende Wohnung des Verwalters (Bademeisters), der ausser freier Wohnung und Heizung und Benutzung des zugehörigen Gärtchens monatlich 50 Frs. Gehalt erhält. Der Keller des Vorderhauses ist zur Aufbewahrung von Vorräthen, namentlich von Holz und Kohlen bestimmt. — Zur leichteren Kontrole erhält jede Wäscherin bei ihrer Ankunft am Büreau eine Blechmarke mit der Nummer des von ihr zu benutzenden Wäschstandes eingehändigt, welche von ihr beim Weggange wieder abgegeben und wonach zugleich die Zeit ihres Aufenthalts in der Anstalt kontrolirt wird. Der Preis pro Wäsche ist 5 Cts. für die ersten zwei Stunden, und 5 Cts. für jede weitere Stunde. Die Zahl der Wäschen belief sich i. J. 1864 z. B. auf fast 19,000 und ergab inkl. der Bäder einen Reingewinn von c. 767 Frs., in den folgenden Jahren ist diese Einnahme durch die, wie schon bemerkt, hinzugetretene Konkurrenz mehrerer ebensolcher öffentlicher und Privatanstalten wieder etwas gesunken, im Jahr 1874 hat sie 275 Frs. ergeben.

Diese Ueberschüsse, sowie die von der oben zitirten städtischen Bade- und Wasch-Anstalt in der Diedenheimer-Strasse herfliessenden, hat man dazu verwendet, um ganz in der Nähe der Cité am Forststaden, auf einem von der Stadt hergegebenen Terrain eine neue Bade- und Wasch-Anstalt zu erbauen, welche i. J. 1864 eröffnet worden ist.

In derselben ist Platz für 60 Wäscherinnen, welche dort an grossen Waschbassins mit fliessendem heissen Wasser, das ebenfalls von den benachbarten grossen Fabriken umsonst geliefert wird, in knieender Lage (wie es hier Sitte ist) waschen. Die Badeanstalt besteht aus einem grossen gemauerten und mit Cement verkleideten Schwimmbad von 112 ☐M. Oberfläche, welches durch Eisengitter in zwei Abtheilungen, in ein tieferes Bassin für erwachsene Männer und in ein weniger tiefes (unten abgeschrägtes) für Kinder getheilt ist, und durch welches gleichfalls fortwährend warmes Wasser strömt. Das Bad kostet daselbst 5 Cts., das Waschen ist umsonst. Bereits im ersten Jahre wurde es zu mehr als 48,000 Wäschen, sowie zu über 7,000 Bädern benutzt. Die Totalsumme der in den drei hier genannten öffentlichen Anstalten genommenen Bäder belief sich demnach z. B. i. J. 1866 (nach Herrn Dr. Penot) auf 20,759, die der abgehaltenen Wäschen auf beinahe 100,000[42]).

Auf der nämlichen Seite der Strasse, aber auf der gegenüberliegenden des Platzes (s. Tafel I. E.) liegt dem so oben beschriebenen Gebäude im Aeusseren ziemlich entsprechend: die Restauration und Bäckerei der Cité, ebenfalls durch eine Inschrift als solche kenntlich gemacht (*restaurant et boulangerie*). Es enthält dieses Gebäude zunächst auf der Seite des Platzes das Büreau der Gesellschaft, auf welchem zwei Beamte funktioniren, welche mit der Verwaltung der Cité-Geschäfte betraut und zugleich zur Ertheilung näherer Auskunft über alle die Cité betreffenden Fragen angehalten sind. Durch den zweiten Hauptaufgang in der Mitte des Hauses gelangt man auf einen geräumigen Flur, von welchem links das Verkaufslokal für die Bäckerei liegt, während letztere selbst im Souterrain des Gebäudes untergebracht ist. Das Brot, welches sie (für Jedermann, der kaufen will,) liefert, ist von guter Qualität und gutem Gewicht und kostet pro Laib von 2½ Kilogr. 5—10 Cts. unter dem Preise derjenigen Bäckerei der Stadt, welche das Brot am bil-

---

[42]) Ausserdem befindet sich in der Kolmarer-Strasse die grosse mit allem Komfort ausgestattete öffentliche Badeanstalt mit 100 Badewannen, die ihr Wasser direkt von der Doller durch die von der Doller-Wassergesellschaft unterhaltene Wasserleitung zugeführt erhält und jährlich von 38,000—40,000 Personen besucht wird. Ueber andere Privatanstalten, z. B. die des Hauses Dollfus-Mieg & Cie. in Dornach; vgl. Dr. Penot in Bull. 1867 S. 97 und 245 ff.; Bull. 1865 S. 406 ff.

ligsten verkauft. Dagegen wird dasselbe nur gegen baare Bezahlung abgegeben, um die Arbeiter von der schlechten Gewohnheit, auf Kredit zu nehmen, zu entwöhnen. Leider hat diese Anstalt, welche eine Privatschöpfung des Herrn Jean Dollfus ist, bisher trotz jener Ermässigungen zu keiner Zeit die gewünschte Benutzung gefunden, theils wegen der letzteren Bedingung, der sich die Arbeiter nur ungern und mit einem gewissen Misstrauen[43]) unterwerfen, theils wohl auch wegen der daneben bestehenden, auf dem Prinzip der Selbsthilfe basirenden Arbeiter-Konsumvereine (sociétés de consommation), welche jene unter sich begründet haben und dem gegenüber die Lieferanten durch grösseren Massenbezug der Waaren ebenfalls in der Lage sind, auf je 1 Fr. von der Totalsumme 5—10 Cts. dem Verein zu gut zu rechnen. Jedes Mitglied dieser Vereine besitzt ein Buch, in welches täglich alles, was es bezieht, nebst dem Betrag dafür eingetragen wird; am Ende jedes Monats zahlt der Präsident die Generalrechnung der Associirten, von denen er wiederum die einzelnen Beträge einzieht. Die Hälfte des hierdurch erzielten Gewinnes wird auf jedes Glied zu dessen Gunsten vertheilt, die andere Hälfte fliesst in die gemeinsame Kasse, bei der alle Mitglieder unter gewissen Bedingungen Geld für ihre Bedürfnisse entleihen können[44]).

Einen ähnlichen Zweck, nämlich den Lebensunterhalt der Arbeiter so wohlfeil als möglich zu machen, aber leider einen fast ebenso hinter der guten Absicht gegen alles Erwarten zurückbleibenden Er-

---

[43]) Um jenes Misstrauen der Arbeiter gegen solche auf ihr Wohl berechnete Unternehmungen zu überwinden und sie zugleich für einen besseren Erfolg derselben zu interessiren, hat man in einigen Häusern für gut befunden, die Arbeiter an der Verwaltung und Beaufsichtigung derselben theilnehmen zu lassen.

[44]) Wie hier Herr J. Dollfus für die Bewohner der Cité, so haben z. B. die Herren André-Koechlin & Cie., die schon seit 1837 eine eigene Bäckerei für die in ihrer Fabrik und in der benachbarten Spinnerei Trapp & Cie. beschäftigten Arbeiter begründet, welche jährlich circa 300,000 Kilogr. gutes und billiges Brot liefert. Man fordert dort vom Arbeiter für das Brot denselben Preis wie in der Stadt und rechnet ihm davon 5 Cts. für jeden Laib (von 2½ Kilogr.) als Ersparniss zu gut, deren Summe er dann bei Beginn der kälteren Jahreszeit zur Beschaffung von Wintervorräthen ausgezahlt erhält. — In ähnlicher Weise hat das Haus Dollfus-Mieg & Cie. z. B. im Sommer 1866 ausser einer grossen Anzahl unentgeltlich vertheilter Brote (fast 10,000 im Werth von 6700 Frs.) über 25,000 Laib zum Selbstkostenpreis an seine Arbeiter direkt verkaufen lassen, was für dieselben einen Gewinn von 2800 Frs ergab. — Ueber andere ähnliche Einrichtungen in den Fabriken von Wesserling und Gebweiler u. a. O.; siehe Penot, Bull. 1867 S. 95.

folg hat die mit demselben Gebäude verbundene Restauration, welche wir vielleicht zutreffender als „Volksküche" bezeichnen könnten. — Zu ihr gehört vor Allem die grosse, mit Steinfliesen sauber gepflasterte dreifenstrige Küche, welche den ganzen rechten Flügel des Vorderhauses einnimmt und in deren Mitte eine umfangreiche eiserne Kochmaschine mit 4 grossen Kesseln, von denen 2 wohl je einen Meter im Durchmesser haben, steht und welche allein an 7000 Frs. gekostet haben soll. Die Zahl der an mehreren Seitenheerden angebrachten kleineren Kessel beläuft sich ausserdem auf 6; an den Wänden laufen die Zurüstungs- und Anrichte-Tische hin, unter diesen die Küchenschränke und darüber die Regale, Topfbretter u. dgl.; eine Treppe führt direkt von der Küche in den Vorrathskeller, der von aussen unter der Eingangstreppe eine breite Einfahrt hat. Gerade aus vom Eingang, über den geräumigen Flur, der rechts und links mit aufzuklappenden Servirtischen versehen ist, gelangt man in den grossen, das ganze Hintergebäude ausfüllenden hellen Speisesaal, dessen Decke auf eisernen Säulen ruht, und der durch einen Durchgang, welcher nach dem gegenüberliegenden hinteren Ausgang des Gebäudes führt, in zwei Abtheilungen getheilt wird, die jede mit einer doppelten Reihe von Tischen und Bänken, mit an der Seite hinlaufenden Kleiderhaken, auch mit Gasbeleuchtung versehen ist. Zwei an beiden Seiten des Eingangs aufgestellte Büffets werden von einem tüchtigen weiblichen Personal bedient. Die Reinlichkeit des Lokals, des servirten Geschirrs, sowie der Speisen lässt, wie die Güte der letzteren, bei aller Einfachheit nichts zu wünschen übrig, wovon sich jeder Besucher der Cité am besten selbst durch den Augenschein überzeugen mag. Für 40—50 Cts. kann man daselbst nicht nur ein ganz frugales, anständiges Frühstück (bestehend aus Brot, Käse und Wein), sondern selbst Mittagbrod haben. Da es vielleicht vielfach nicht uninteressant ist, die Preise der Speisen im Einzelnen kennen zu lernen, so sollen diese nachstehend nach Angabe der mächtigen Speisekarte ( carte du jour), wie sie in Form eines grossen schwarzen Bretts am Eingang des Saals zu Jedermanns Einsicht aushängt, aufgeführt werden: Suppe 2 Ss. (1 Ss. = 4 Pf.); Rindfleisch 3 Ss.; Weisskohl mit Kartoffeln 3 Ss.; Rinderbraten 5 Ss.; Kalbsbraten 6 Ss.; Salat 2 Ss. (im Sommer 1 Ss.); Käse 2 Ss.; Brot 1 Ss.; 1 Schoppen Wein 3 Ss.[45])

---

[45]) Diese Preise müssen für Mülhausen und im Verhältniss zu der hier

Leider entspricht, wie gesagt, die Benutzung dieser so nützlichen und ausgezeichnet eingerichteten Anstalt seitens der Arbeiter den gehegten Erwartungen sehr wenig und erfordert dieselbe seitens ihres edelmüthigen Begründers und Eigenthümers, des Herrn Jean Dollfus, alljährlich einen nicht unbedeutenden Zuschuss[46]). Eine Rentabilität derselben könnte bei der Grossartigkeit ihrer Anlage nur bei der frequentesten Ausnutzung derselben erzielt werden, da nur in diesem Falle der durch Masseneinkauf der Vorräthe erzielte Gewinn den niedrigen Preis der verabreichten Speisen ausgleichen und die Verwaltungskosten decken könnte. Grund für jene bedauerliche Wahrnehmung mag wohl der Umstand sein, dass die Anstalt für viele Arbeiter bei der Kürze der Essenszeit noch zu entlegen, oder dass das Essen für viele an noch geringere, gröbere und weniger kräftige Kost Gewöhnte noch zu theuer ist, sowie darin, dass die meisten verheiratheten Arbeiter, namentlich diejenigen, welche Kinder haben, den Topf am eigenen Heerde und die Gerichte nach eigener Wahl und Bereitung dem Restaurations-Essen vorziehen, was ja nicht nur begreiflich, sondern in vieler Beziehung auch zu wünschen und als ein Segen zu betrachten ist; womit die Beobachtung übereinstimmt, dass die meisten Besucher der Anstalt ledige junge Leute sind. Bei einzelnen Familien jener Gegend ist es jedoch Brauch, sich von Zeit zu Zeit ein oder das andere Gericht (Suppe oder Fleisch) zur Vervollständigung ihrer häuslichen Mahlzeit aus der Küche der Restauration holen zu lassen.

Doch es scheint rathsam, über der wohlthätigen Bestimmung dieser Anstalt, deren Prüfung zumal nach einer anstrengenderen vorausgehenden Besichtigung der Cité wir, wie gesagt, jedem Besucher derselben nur empfehlen können, nicht zu vergessen, dass wir noch nicht am Ziele unserer Wanderung sind. Merken wir uns beim Verlassen des Hauses nur noch, dass im ersten Stockwerke desselben sich eine Volks-Bibliothek[47]), vor-

---

bestehenden Theuerung aller Lebensmittel als niedrige bezeichnet werden.
[46]) welcher beispielsweise im Kriegsjahr 1870/71 über 12,000 Frs. betragen haben soll.
[47]) Solcher Volks-Bibliotheken zum Besten der unteren Klassen, bei denen die Entleihung der Bücher entweder unentgeltlich oder, wie im vorliegenden Fall gegen 1 Ss. für 2 Bücher erfolgt, giebt es am hiesigen Orte eine ganze Anzahl, theils mehr private, von einzelnen

zugsweise zum Besten der Arbeiter, sowie die Wohnung des Hausökonomen befindet, und lenken wir danach unsere Schritte sogleich quer über den Platz dem der Waschanstalt gerade gegenüberliegenden zweistöckigen Gebäude zu.

In ihm befindet sich die von Herrn Emile Köchlin begründete und unterhaltene Mädchenherberge *(pension de filles sans parents)*, eine Art Pensionshaus für ledige Arbeiterinnen. Sie verdankt ihre Entstehung der edlen Absicht ihres Begründers, damit den Gefahren vorzubeugen, denen besonders junge, alleinstehende Fabrikarbeiterinnen, die entweder ohne Eltern oder aus entfernteren Orten durch die Fabriken herbeigezogen sind, an einem grossen industriellen Orte ausgesetzt zu sein pflegen[48]). Die in derselben aufgenommenen Mädchen

Fabrikanten zum Gebrauch für ihre Arbeiter errichtete *(bibliothèques de fabriques)* theils öffentliche, eingerichtet und geleitet von einem Comité de lecture *(de soir)*, welchem von der *Soc. industr.* die Erlaubniss zur Benutzung eines Saales der Zeichenschule als Lesezimmer an Sonntagen gewährt ist. Ausserdem hat die Industr. Gesellschaft hier durch Geschenke, Subskriptionen und Stadtzuschuss eine Volks-Bibliothek begründet, aus welcher 1867 täglich über 200, jährlich über 72,000 (1869 über 82,000 Bände) verliehen wurden vgl. Bull. 1865 (Juliheft) u. a. m. Neben der protestantisch-kirchlichen Lesebibliothek besitzt u. A. auch die Gesellschaft des heil. Vincenz v. Paula eine öffentliche Bibliothek für Erwachsene jeder Konfession. — Ausserdem bestehen für einen weiteren Kreis folgende zwei erwähnenswerthe öffentliche Gesellschaften:

1) die *société des bibliothèques communales du Haut-Rhin*, mit dem Sitze in Mülhausen, unter Herrn Jean Dollfus als Präsidenten, mit dem Zweck, die Anregung zur Errichtung von Volks-Bibliotheken zu geben; sie bietet jedem Ort (Dorf) eine Prämie von 50 Frs., dessen Gemeinderath die ersten Fonds zur Errichtung einer Volks-Bibliothek auswirft, und unterstützt die betreffenden Lokal-Kommissionen mit Rathschlägen etc.

2) die *société alsacienne pour l'amélioration et la propagation des publications populaires françaises et allemandes* (Verein für Verbreitung einer guten Volksliteratur), mit dem Sitze in Kolmar, unter der Präsidentschaft des Bürgermeisters Herrn v. Peyerimhoff. mit dem Zweck:
   a. Rathschläge zur Errichtung einer Volks-Bibliothek (in Gefängnissen, Schulen, Hospitälern, Asylen etc.) zu geben,
   b. in allen Dörfern jedes Kreises die Errichtung von solchen hervorzurufen,
   c. die Herausgabe von guten Schriften und besonders von Uebersetzungen von guten deutschen Schriften zu unterstützen,
   d) zur Vertheilung von Prämienbüchern an Volksschulen, Fabriken etc.

[48]) Vgl. hierüber die vortrefflichen Untersuchungen des Herrn Dr. Penot über die Einwirkung der Fabriken auf die Moralität. Rech. statist. S. 41 f.

leben daselbst unter der Obhut und Aufsicht einer anständigen, christlich gesinnten Familie, eines Hausvaters (der nebenbei Schneidermeister) und einer Hausmutter, die das Hauswesen in Ordnung zu halten und in Allem für die Pensionärinnen zu sorgen haben. Für Anfangs 10 Frs., jetzt für 13½ Frs. auf 14 Tage erhalten dieselben dort Logis, Kost und Wäsche und können die Zeit, die ihnen des Mittags oder Abends frei bleibt, in einem gemeinschaftlichen, im Winter hierzu erleuchteten und erwärmten Saale, der zugleich Speisesaal ist, zubringen. Jedes der freundlichen einfenstrigen Zimmer ist mit 2—3 guten Betten, einem zwei- oder dreitheiligen Kleiderschrank, einem Tisch und 2—3 Stühlen und mit dem nöthigen Waschgeräth ausgestattet, ausserdem mit einer Glocke in Verbindung gebracht, durch die der Hausvater früh zum Aufstehen weckt. Dagegen sind die Benefiziantinnen verpflichtet, sich gewissen Hausregeln zu unterwerfen, z. B. nie nach 10 Uhr auszubleiben und keine Begleitung mit nach Hause zu bringen[49]). Die Anstalt ist auf 30 Mädchen berechnet, wird aber leider, vielleicht gerade um jener auf ihr Bestes berechneten Beschränkungen ihrer Freiheit willen nie vollständig ausgenutzt. Gegenwärtig befinden sich deren 17 darinnen[50]).

In ähnlicher Weise wie hier durch Privat-Fürsorge, für alleinstehende Mädchen, ist von der Verwaltung der Cité durch ein anderes Institut für alleinstehende Männer gesorgt worden durch das in der neuen Cité belegene Logirhaus *(logement garni pour célibataires)*, dessen Beschreibung wir der inneren Verwandtschaft wegen am besten hier anschliessen. (s. Tafel I. J.) Unabhängig von den zum Verkauf bestimmten Häusern hat dort die Gesellschaft inmitten der II. Linie der

---

[49]) In der ähnlichen Anstalt der Herren Bourcart & Cie. in Gebweiler beträgt der tägliche Pensionspreis 50 Cts. (40 Pf.); dort tritt zu den Bestimmungen u. A. die Verpflichtung, des Sonntags regelmässig den Gottesdienst ihrer Konfession zu besuchen; vgl. Bull. 1867 S. 92.

[50]) Eine andere hiermit verwandte, von der Société de St. Vinceut Paul gegründete Anstalt ausserhalb der Cité besteht im Waisenhaus der Schwestern von Niederbronn *(filles du divin Sauveur)* seit 1857, welche ebenfalls zugleich als Zufluchtsort für alleinstehende Arbeiterinnen dient. Dieselbe trägt einen speziell katholischen Karakter und hat einen eigenen Hausgeistlichen *(aumônier)*. Es befinden sich in ihr ausser etwa 90 Waisenkindern, worunter etwa 40 vom Departement unterhaltene *enfants assistés*, 60—80 meist elternlose Arbeiterinnen, die dort für monatlich 18—20 Frs. Wohnung und Kost erhalten. Mit derselben Anstalt ist noch ein abgesondertes Pflegehaus für Kranke und Gebrechliche verbunden, in dem mehrere Ordensschwestern den Dienst versehen; vgl. Hack S. 129 und Penot a. a. O.

sogenannten Reihenhäuser ein Gebäude errichtet, welches in 2 Stockwerken und einigen Mansarden 17 einfenstrige mit 1 Bett, 1 Kommode, 2 Stühlen u. dgl. hinreichend möblirte gesunde und freundliche Zimmer enthält, die sie für den niedrigen Preis von 6 Frs. monatlich (einschliesslich Bettwäsche, aber ohne Kost) an einzelnstehende Männer, meist junge Leute von ausserhalb Mülhausens, vermiethet. Auch sie müssen sich zur Beobachtung einer gewissen Hausordnung verpflichten, namentlich der Vorschrift, nicht nach 10 Uhr nach Hause zu kommen und keine fremde Person mit einzuführen. Auch diese wohlthätige Schöpfung ist von den Arbeitern nie vollkommen entsprechend gewürdigt worden, gegenwärtig logiren 10 Gäste in dem Hause[51].

Hierbei können wir nicht unterlassen, zweier anderer Einrichtungen Erwähnung zu thun, welche, obgleich mit der Cité in keinem direkten Zusammenhange stehend, dennoch dem Wohl auch der hier wohnenden Arbeiter zu Gute kommen. Es ist das 1) das ebenfalls von hiesigen Industriellen mit 65,000 Frs. Kosten in's Leben gerufene und mit einer Rente von jährlich 7400 Frs. unterhaltene Asyl für Greise (*asile pour les vieillards et les infirmes*). eine Alterversorgungs-Anstalt (*maison de refuge*) für alte arbeitsunfähige Personen, (Männer, — an Zahl durchschnittlich 12 — 13) die keine Familie mehr haben. Auch werden von der Anstalt Jahrespensionen an alte ausgediente Arbeiter verabreicht. Diejenigen, welche noch Verwandte haben, bleiben bei diesen wohnen und erhalten eine jährliche Unterstützung aus einer der sogleich näher zu bezeichnenden Kassen[52]. Es sind

---

[51] Eine ähnliche wohlthätige Anstalt der Stadt ist die an der Gesetzesgasse gelegene Armenherberge (Asyl für Obdachlose), ein ebenfalls von Herrn Jean Dollfus errichtetes Privat-Institut, welches bedürftigen armen Reisenden am Abend der Ankunft eine Abendmahlzeit und Schlafstätte, am folgenden Morgen eine Suppe, ein Stück Brot und 20 Cts. Reise-Unterstützung gewährt, im Notbfall auch ein Hemd oder ein Paar Schuhe. Die Aufnahme erfolgt ohne Unterschied der Konfession, doch darf dieselbe Person vor Ablauf von 2 Monaten nicht wieder daselbst nächtigen. Die Zahl der so Logirten beträgt im Jahr an 4000, die Ausgabe dafür an 3000 Frs.; vgl. Hack a. a. O. S. 128.

[52] Hieran möge sich die Erwähnung einer anderweitigen rühmlichen Fürsorge für bedürftige Greise dieser Stadt, welche über 70 Jahre zählen, schliessen. Es ist dies die von der Direktion des Cercle (s. unten) denselben alljährlich bereitete Weihnachts-Bescheerung, zu der c. 160 Greise eingeladen werden, und wobei dieselben mit Kleidungsstücken, Taback u. s. w. beschenkt werden. —

dies 2) sog. Alterversorgungs-Kassen (*caisses de retraites*), zur Versorgung invalider Arbeiter in ihren alten Tagen, zu denen die Arbeiter von 18 Jahren ab, die Arbeiterinnen von 16 Jahren ab je 3% ihres Gehaltes oder Lohnes, die Fabrikherren ihrerseits, (die sich zu diesem Zwecke i. J. 1866 zu einer besonderen *société d'encouragement à l'épargne* vereinigten) ebensoviel beitragen. Von den Einzahlungen der letzteren bleiben 2% in der Kasse zur Bildung eines Reservefonds, der sich bereits i. J. 1867 auf 168,000 Frs. belief, und von dem nur die Zinsen zur Verwendung kommen. Auch hier wäre eine grössere Betheiligung und bessere Würdigung von Seiten der Arbeiter sehr zu wünschen. [53])

Auch die anderen an jenem Platze belegenen Gebäude waren, und sind zum Theil noch, dem allgemeinen Wohle der Cité-Bewohner bestimmt. Während die beiden grossen Eckhäuser eine ehemals unter der Verwaltung der Gesellschaft stehende Schlächterei[54]) und Spezereiwaarenhandlung (*épicerie*) enthielten, war der in der Nähe gelegene grosse hölzerne Schuppen als Niederlage für die von jener im Ganzen und zum Besten der Arbeiter eingekauften Waarenvorräthe bestimmt. [55]) Nachdem durch die schon erwähnten selbständigen Arbeiter-Konsumvereine deren Zweck hinfällig geworden, sind jene Lokale durch Kauf oder Miethe in Hände von Privaten übergegangen. Dagegen dient das dazwischen liegende, an die Mädchenherberge angrenzende Haus noch heut in seinem obern Stock als Wohnung des Herrn Verwaltungs-Vorstehers, während das Erdgeschoss zur Verfügung des Quartier-Arztes und der Quartier-Schwester steht. [56])

[53]) Vgl. hierüber und über andere ähnliche Einrichtungen, namentlich auch über die von dem Hause Dolfus-Mieg & Cie. gethauen Schritte, um die Arbeiter zum Eintritt in eine Lebensversicherung zu ermuthigen, Bull. 1867 S. 121 f. 1865 S. 409 u a. a. O.; ferner die interessante Schrift von Auguste Lalance: De la formation du capital chez l'ouvrier de manufacture, notes prés. à la Soc. Ind. 30. Decbr. 1874, auch im Separatabdruck ersch. Mülh. bei Baader. —

[54]) Von Herrn Jean Dollfus ist ausserdem in der Nähe der Cité vor mehreren Jahren eine Pferdeschlächterei begründet worden.

[55]) Ueber die in Gebweiler in dieser Rücksicht bestehenden Anlagen vgl. Bull. 1865 S. 418 ff

[56]) Das nach der andern Seite liegende Gebäude und Grundstück befindet sich im Besitz eines der hiesigen evangel. Geistlichen; mit demselben ist ein kleinerer Vereinssaal für religiöse Zwecke verbunden. Auch pflegt einer der beiden im Dienst der inneren Mission stehenden Stadtmissionare in der Cité seine Wohnung zu haben. —

Die neue Cité. Schulen. 39

So gern wir hier der letzteren und deren Wirkungskreis einen kurzen Besuch abstatteten, so eilen wir doch diesmal, da uns daran liegt, möglichst die ganze Cité kennen zu lernen und wir weiter unten gute Gelegenheit finden werden, das Versäumte nachzuholen, weiter und begeben uns über die über den Abzugskanal [57]) führende, schon oben erwähnte Brücke nach der jenseits gelegenen ausgedehnten Neuen Cité.

Nachdem wir uns vorhin bereits über das Karakteristische der einzelnen Arbeiterhäuser hinreichend unterrichtet haben, wird es uns nunmehr leicht, auch in dem neueren Quartier die verschiedenen Modelle und Systeme auf den ersten Blick wieder heraus zu erkennen. Wir durchschreiten daher viel lieber, um einen besseren Total-Eindruck zu gewinnen, mehrere der vielen Einzelquartiere und benutzen diese Gelegenheit, um unsere vergleichenden Beobachtungen und kritischen Blicke nicht blos der Haltung und äusseren Erscheinung der Häuser, Gärten und Strassen, sondern besonders auch derjenigen ihrer Bewohner und namentlich der Kinder zuzuwenden.

Während an anderen Orten die Menge unsauberer, bleicher und abgemagerter Kindergestalten gerade eines der sichersten Kennzeichen für das Vorhandensein einer Fabrikbevölkerung daselbst zu sein pflegt, werden wir in der Cité den umgekehrten Schluss von den vielfachen hier vorhandenen Fabriken und der ausschliesslichen Fabrikbevölkerung auf das Zutreffen der nämlichen Wahrnehmung in der Erscheinung der Kinder völlig unzutreffend und in das Gegentheil gewendet finden. Der Grund hierfür und das grosse Verdienst um die so vortheilhaft abstechende Physiognomie dieser kleinen Arbeiterwelt gebührt nicht allein der besseren Fürsorge der Eltern, — wie solche denselben durch die ihnen hier gebotene leichtere und würdigere Lebens-Existenz allerdings auch ermöglicht ist, — sondern wiederum zugleich der regen öffentlichen Fürsorge, namentlich der von Seiten tüchtiger Schulen [58]) geübten wohlthätigen intellektuellen und

---

[57]) Diesen schönen breiten Kanal, welcher besonders für Zeiten des Hochwassers als Ableitungskanal für die Wasser der Jll dient und die Stadt vor jeder Gefahr der Ueberschwemmung schützt, hat die letztere i. J. 1848 zur Beschäftigung der damals feiernden Arbeiter ausgraben lassen. — Er gereicht der Stadt gerade jetzt (Frühjahr 1876) wieder zum grössten Segen. —
[58]) Mülhausen hat ausser zahlreichen Elementar- und Privat-Schulen: ein Gymnasium (früher collège), eine Gewerbeschule (école professionelle), jetzt eine Realschule II. Ordnung mit Handelsklassen und zwei

sittlichen Einwirkungen, zu welchen besonders diejenige zu rechnen
sein dürfte, welche durch den heilsamen Einfluss der Kleinkinder-

vollständigen Werkstätten für Schreinerei und Maschinenbau (in letzterer sogar eine kl. von Schülern gefertigte Dampfmaschine) und in Verbindung hiermit ein chemisches Institut (früher verbunden mit der zur *école supérieure des sciences appliquées* erweiterten Handelsschule, seit 1872 reorganisirt als selbständige Anstalt unter dem Namen: *école municipale de chimie industrielle*) mit einem (seit 1854) hierfür begründeten Laboratorium; dazu auch ein von der Ind. Gesellschaft angelegtes Gewerbe-Museum, unter Leitung eines Professors der Chemie und zweier Assistenten, mit dem Zweck: jungen Leuten, namentlich Söhnen von hiesigen Industriellen eine gründliche Ausbildung in den chemischen Wissenschaften und besonders in deren Anwendung auf Metallurgie, Landwirthschaft, Fabrikation von chemischen Stoffen und speziell auf das Gebiet der Stoff-Färberei und -Druckerei zu geben. (die frühere *école de commerce*, zu deren Begründung i. J. 1866 die Herren Jules und Jacques Siegfried der Industriellen Gesellschaft 100,000 Frs. zur Verfügung gestellt hatten, ist nach dem Kriege nach Lyon verlegt worden.) — Ferner eine höhere Töchterschule (seit 1872) und ausserdem mehrere Fachschulen, unter denen besonders hervorzuheben:
a) eine Web- und Spinnschule (*école théorétique et pratique de filature et de tissage mécanique*), auf Anregung der Industr. Gesellschaft durch Subskriptionen unter den hiesigen Industriellen von 37,000 Frs. und mit späteren Zuschüssen von über 125,000 Frs gegründet 1861 und seit 1866 in einem eigens hierfür errichteten Gebäude untergebracht. In derselben befinden sich 36 von hiesigen Fabrikanten unentgeltlich gelieferte mechanische Webstühle und Maschinen, aufgestellt in vollständigen Werkstätten, in denen die Schüler bereits selbst arbeiten und sich schon etwas verdienen. Zweck derselben ist:
Heranbildung und Erziehung tüchtiger Werkmeister durch gründliche theoretische und praktische Belehrung über alle Zweige der Weberei und Spinnerei an der Hand von aller Art von mechanischen Maschinen und Webstühlen und Modellen, die zur Veranschaulichung dienen und von denen die Schule ein besonderes kleines Museum hat.
b) Eine Zeichenschule (*école de dessin industriel et architectural*), schon 1829 ebenfalls von der Industr. Gesellschaft mit einem Kostenaufwand von über 100,000 Frs., wozu die Gesellschaft den fünften Theil aus eigenen Mitteln beisteuerte, der Rest aus Subskriptionen, begründet. Der Unterricht wird in verschiedenen Klassen, Sektionen, ertheilt (*dessin de fleurs et d'ornements,* — *de machines et levées de plans,* — etc.). Der Unterricht in derselben ist, Dank der Dotation Haeffely (s. oben) unentgeltlich. Vgl. Bull. 1867 S. 74.
Ausserdem sind hierher zu zählen die bis 1870 bestandenen, seitdem theils eingegangenen, theils reorganisirten sog. *cours populaires* oder *classes d'adultes* (Fortbildungs- oder Abend-Schulen) für junge Leute von 18—35 J. und darüber, die von Privatpersonen dirigirt und aus frei-

schulen, — der sogenannten *salles d'asile*, — auf die Jugend dieser Stadt überhaupt und auf die der Arbeiterstadt insbesondere vom frühsten Kindesalter an ausgeübt wird.

Solcher *salles d'asile* hat die Arbeiter-Kolonie zwei, die eine an der Franklin-Gasse, in der Nachbarschaft der alten Cité, die andere in der neuen, an der Ecke der Strassburger- und Lavoisier-Gasse. Gönnen wir, um das Karakteristische dieser Anstalten kennen zu lernen, der letzteren einen kurzen Besuch, welcher jederzeit gern gestattet ist. —

Durch einen geräumigen Hof, welcher mit Bäumen bepflanzt und mit Kies bestreut ist und welcher in der wärmeren Jahreszeit der Schule als Bewegungs- und Spielplatz dient, gelangen wir über eine kleine bedeckte Vortreppe in das Innere der Anstalt, welche sich von dem hellen Hausflur aus nach rechts und nach links in zwei ziemlich gleichmässige Hälften mit je zwei grossen, luftigen, hellen Sälen theilt, von denen jedesmal der eine der Schulsaal, der andere der Spielsaal ist. 6—8 treppenartige Stufen an der hinteren mit Anschauungsbildern geschmückten Wand stellen die Sitzplätze der kleinen Schulbevölkerung vor, von denen einige freistehende für die grösseren, schon mit Handarbeiten beschäftigten Mädchen sich in dem vorderen Raum befinden, während an den Seiten die Regale für die Arbeitskörbchen und Schiefertafeln angebracht sind, für welche jedes Kind seinen bestimmten Platz hat, und welche ihm, ebenso wie

> willigen Beiträgen erhalten wurden. Dieselben waren auf die verschiedenen Primärschulen der Stadt vertheilt und umfassten den Unterricht im Lesen, Schreiben, Französisch, Englisch, Rechnen, Zeichnen. (Im J. 1869 sollen dieselben von 1207 Schülern besucht worden sein (?); vgl. Bull. 1865 S. 310; 1869 S. 463. Ueber die ähnlichen von der Industr. Gesellschaft i. J. 1828 und von der Gesellschaft des heil. Vincenz unter Hilfe von Frau Nicolas Koechlin i. J. 1846 ins Leben gerufenen Sonntagsschulen *[écoles du dimanche]* unter freiwilliger Leitung von Damen; vgl. Bull. 1867 S. 63.). — Endlich gehört hierher die israelitische Gewerbschule, ebenfalls durch freiwillige Beiträge vor c. 30 J. begründet, in der die Zöglinge (meist arme Waisen) für ein bestimmtes Handwerk ausgebildet werden, und eine neu projektirte und im Bau begriffene Mittelschule (Bürgerschule) und mehrere (c. 14) Privat-Fabrikschulen, um den in den Fabriken beschäftigten schulpflichtigen Kindern wenigstens einen theilweisen Unterricht zu ermöglichen. — Seit April 1871 geniesst die Stadt die von ihr seit langen Jahren vergeblich angestrebte und oft erfolglos erbetene (vgl. u. A. Bull. XXXI. 128, XXXVII. 312 u. A.) Wohlthat des obligatorischen Unterrichts — Vgl. hierüber bes. auch Hack a. a. O. S. 31 ff.

das übrige Unterrichtsmaterial von den Damen des für diesen Zweck bestehenden Comités geliefert werden. Eine Schultafel, eine Rechenmaschine und anderes Schulgeräth, darunter als besonders merkwürdig ein grösserer, zu ebener Erde gelegener, mit einem Strohsack und Decken ausgestatteter Bettkasten für diejenigen kleinen Scholaren, denen namentlich im Sommer des Schlafes sanfte Naturkraft über die geistig-wissenschaftliche Selbstbeherrschung geht, — sowie zahlreiche, zum Theil dem künftigen Fabrikberuf entnommene Anschauungs-Objekte (z. B. Fruchtkapseln der Baumwollenpflanzen) vervollständigen das einfache Inventar des Schulsaals, während im Spielsaal an den Seiten die Kleiderhaken für Mützen und Mäntel u. dgl. sich befinden.

Jeder der zwei Abtheilungen der Schule mit ungefähr 100 Kindern im Winter, und 120—130 im Sommer steht eine von der Stadt besoldete Lehrerin (Direktrice) vor, welche gewöhnlich von zwei jungen Mädchen, die sich für denselben Beruf ausbilden wollen, unterstützt wird, im Verein mit welchen sie die ganze Centurie kleiner Rekruten, von denen jedes von Natur ein perpetuum mobile darstellt, mit wahrhaft militärischem Takt und Gleichmass in bewundernswerther Weise zu regieren und rangiren weiss.[59]) — Die Hauptgegenstände des Unterrichts sind vereinigter Sprach- und Anschauungs-Unterricht, einige Elemente der Religion, Gesang, sowie die ersten Anfänge im Lesen, Schreiben und Rechnen und leichtere Handarbeiten. — Die Unterrichtsmethode ist die bekannte Pestalozzi-Fröbelsche, die, unter zu Grundelegung des Kindergartens, es vorzugsweise auf eine realistische Ausbildung des Verstandes und besonders des Formensinnes durch Anschauung, sowie auf diejenige des Körpers durch Bewegungsspiele u. dgl. abgesehen hat, jedoch, wie es scheint, in einer glücklichen Kombination mit dem auf anderen Gebieten der Kleinkinderschule Bewährten. In halbstündigen Pausen wechseln mit einander Unterricht und Spiele, welche letztere, so oft das Wetter es gestattet, im Freien stattfinden, und bei denen die Ordnungsspiele mit Taktgehen, Taktzählen und Taktsingen vorwiegen.

[59]) Dieselbe bedient sich dabei eines eigens hierfür erfundenen originellen Instruments, nämlich einer hölzernen, in der hohlen Hand zu bewegenden Taktirklappe, mit welcher sie jede ihrer Aufforderungen begleitet und wodurch sie namentlich bei den Bewegungsspielen, in denen das Geräusch der meist mit Holzschuhen bekleideten kleinen Kolonnen an sich schon eine gute Nervenanlage erheischt, ihren Kommandorufen in erheblicher Weise zu Hilfe kommt. —

Die **Aufnahme** erfolgt für alle Kinder ohne Unterschied, im Alter von 2—5 Jahren, gegen ein wöchentliches Schulgeld von 2—10 Pf., je nach den Vermögens-Verhältnissen der Eltern, wobei es auch ganz erlassen werden kann, und gegen die Verpflichtung seitens der letzteren, die Kinder stets ordentlich und sauber gekleidet und gewaschen zur Schule zu senden, resp. sie dahin zu führen und abzuholen. Karakteristisch für das pädagogische Niveau dieser Schulen ist die Vorschrift, dass jedes Kind beim Eintritt und der ersten Begrüssung der Lehrerin angehalten ist, dieser zugleich die „Händele" von beiden Seiten und das „Nastuch" aufzuweisen. — Die Schule steht ausserdem unter der fortwährenden Fürsorge der Damen des genannten Vereins, welche für die Bedürfnisse der Kleinen wahrhaft mütterlich sorgen, namentlich auch um die Weihnachtszeit durch eine Christbescheerung für alle Kinder, bei welcher jedes Kind drei von dem Comité gelieferte Geschenke an Kleidern oder Spielsachen oder dgl. erhält, und wobei auch die von den Kindern im Lauf des Jahres gestrickten Strümpfe zur Vertheilung kommen.

Welche Wohlthat diese frühesten Erziehungs- und Unterrichts-Anstalten gerade für die Kinder einer Fabrikbevölkerung sind, bei welcher die Eltern meist den grössten Theil des Tages über in den Fabriken beschäftigt sind, — welche Hilfe sie denselben durch diese sorgfältige Ueberwachung und Beaufsichtigung der Kinder gewähren und welchen wichtigen, segensreichen Einfluss sie auf die körperliche, sittliche und geistige Entwickelung des heranwachsenden Geschlechts durch frühzeitige Gewöhnung an Ordnung, Reinlichkeit, Gehorsam, Arbeit und Frömmigkeit üben und in wie heilsamer Weise sie hierdurch den späteren Schulanstalten vorarbeiten, darüber ein Weiteres zu sagen erscheint um so überflüssiger, da nicht nur unsere Zeit im Allgemeinen dieser Angelegenheit mit grosser Wärme sich angenommen hat, sondern als speziell der vielfachen günstigen Erfolge in dieser Stadt (welche nebenbei solcher *salles d'asile* 14 in 7 Anstalten mit je 2 Abtheilungen und mit über 2000 Kindern zählt [60]), wie im ganzen Bezirke des Ober-Rheins, in dem es i. J. 1865 schon 130 solcher Anstalten, davon 14 ganz von Privaten gegründete, mit mehr als 16,000 Kindern gab, dafür selbst das lauteste Zeugniss ablegen. Werden diese Schulen auch nie dem Kinde gerade in diesen Jahren das Haus und die häus-

---

[60]) Die älteste datirt v. d. J. 1834, die zweite für Kinder der wohlhabenden Klasse bestimmte v. J. 1841.

liche Erziehung ersetzen können, wird namentlich das Vorwiegen einer gewissen Mechanik und geistigen Dressur zumal bei so zahlreicher Klassen-Frequenz ganz unvermeidlich sein, so wird doch gegenüber der durch die sozialen Verhältnisse der Gegenwart für viele Stände, namentlich den Fabrik-Arbeiterstand vorliegenden Unmöglichkeit, den Familienpflichten und namentlich denjenigen der häuslichen Kinder-Erziehung in ausreichendem Masse nachzukommen, der vorbezeichnete Mangel als das bei weitem kleinere Uebel zu betrachten sein. — Bemerkt sei nur noch, dass die pekuniäre Unterhaltung der bezeichneten Anstalten theils durch einen Zuschuss der Stadt, (von 16,000 Frs. für alle,) theils aus einem Beitrag der Cité-Gesellschaft (s. oben) und theils aus Privatbeiträgen [61]) erfolgt. —

Doch wir hätten die vorliegende flüchtige Skizze der hiesigen, mit der Cité verbundenen wohlthätigen Anstalten nur unvollkommen gegeben, wenn wir nicht zum Schluss lobend noch einer Institution gedächten, die wie für die ganze Stadt, so speziell für die Arbeiterstadt die segensreichste Wirksamkeit entfaltet, nämlich des Instituts der Quartier-Schwestern und der Quartier-Aerzte.

Treten wir, um auch dieses noch kennen zu lernen, in das der vorigen Anstalt benachbarte Häuschen, welches von der Gesellschaft eigens zu diesem Zwecke miethsfrei zur Verfügung gestellt ist, durch das dasselbe umgebende freundliche Gärtchen in die Wohnung der Quartier-Schwester ein, welche daselbst den Tag über die Stätte ihres stillen Trost- und Linderung spendenden Wirkens hat. Eines freundlichen Empfanges und einer gefälligen Führung und Zurechtweisung von Seiten der „Jungfer Schwester", wie der offizielle Titel derselben im Volksmund lautet, dürfen wir von vornherein gewiss sein. [62])

---

[61]) Sie wurden sämmtlich zunächst von Privaten, vermittelst Schenkungen, Subskriptionen, Verloosungen, Bazars u s. w. errichtet und eingerichtet und sodann der Stadt zum Eigenthum und zur Verwaltung überlassen. Der Kostenaufwand belief sich für dieselben je nach der Lage etc. auf c. 25—75,000 Frs. Vgl. Bull. 1867, S. 57 ff.

[62]) Die Quartier-Schwestern sind sämmtlich dem hiesigen Diakonissenhaus, einer Tochter-Anstalt des Strassburger, entnommen, woselbst sie auch ihr Domizil haben. Von den 12 darin befindlichen besorgen 5 die Krankenpflege in der Anstalt, 7 die in den entfernteren Stadt-Quartieren. Die Anstalt selbst ist i. J. 1861 durch Subskriptionen in Höhe von 200,000 Frs. gegründet; die jährliche Einnahme derselben beläuft sich auf c. 40,000 Frs., sie steht unter einem von dem evangelischen Konsistorium gewählten Comité.

Ein sauberes, mit Fussdecken belegtes, mit einem Ofen und mehreren Wandbänken und Stühlen ausgestattetes Stübchen empfängt uns. Es ist das Warte- und Sprechzimmer der Schwester und des Quartier-Arztes, der dorthin wöchentlich ein- bis zweimal zu unentgeltlicher Konsultation aller sich einfindenden Quartier-Kranken kommt. Der Dienst desselben ist dadurch ein um Vieles erleichterter, dass er an der zur Krankenpflege besonders ausgebildeten Diakonissin eine vortreffliche Assistentin findet, welche einen grossen Theil der leichteren Krankheitsfälle schon selbst zu behandeln weiss und welche, theils nach eigenem Dafürhalten, theils nach Anordnung des Arztes die Kranken mit Binden und Bandagen, mit Thee, Arznei und Pflastern versieht. Zu diesem Zwecke befindet sich in dem anstossenden Zimmer, das der Schwester zugleich als Wohnzimmer dient, in einem grossen buffetartigen Schrank die Hausapotheke, die mit den nothwendigsten Arzneimitteln, mit Verbandzeug, Charpie, mit Bandagen und chirurgischen Instrumenten und namentlich mit allen Sorten von Thee reichlich versehen ist. In einem anderen Schrank bewahrt dieselbe allerlei Leinenzeug und Krankenwäsche, um damit bedürftigen Armen im Nothfall zu Hilfe zu kommen. Keller und Boden und die oberen Zimmer des Hauses dienen zur Aufbewahrung von Lebensmitteln, ersterer für Kartoffeln, Holz und Wein, letzterer für Vorräthe von Reis, Gries, Kaffee, Zucker, Mehl und dergl., welche ebenfalls für bedürftige Arme bestimmt sind, und von denen die Schwester unter Assistenz einer Aufwartefrau jeden Mittag einen Kessel voll kräftiger Suppe mit Fleisch und Gemüse kocht, die den Armen des Quartiers ebenfalls unentgeltlich verabreicht wird. In den übrigen zahlreichen Schränken an den Treppen und in den Zimmern sind ebenfalls kleine Vorräthe von Konfitüren, von Wäsche und Kleidungsstücken aufgespeichert, namentlich auch vollständige Ausstattungen für Wöchnerinnen, jede im Werth von über 20 Frs., welche denselben von dem hierfür bestehenden Verein (*société de la maternité*) geliefert werden; [63])

---

[63]) Zweck dieses aus Damen hiesiger Stadt bestehenden Vereins ist: Arbeiterfrauen die Zeit ihrer Niederkunft zu erleichtern. Den Wöchnerinnen wird zu diesem Behufe Wickel- und Leinenzeug, event. auch ein Bett und entsprechende nahrhafte Kost während 14 Tage verabreicht; ausserdem bezahlt jedesmal eine der Damen aus eigenen Mitteln die Hebamme. Die bei den Schwestern sich meldenden Frauen erhalten von dieser gehörige Zeit vorher einen Schein, womit sie, wenn bedürftig, dem Verein empfohlen werden (derselbe lautet einfach: *Société de la Maternité.* Soeur . . . recommande la femme . . . de-

auch ein vollständiges Bett mit Decken und Bettwäsche u. dgl. steht ihr zur Verfügung für arme Nothleidende.

Ausserdem verwaltet sie einen kleinen Fonds, aus dem sie Unterstützungen an Geld an besonders Bedürftige des Quartiers vertheilen kann. Dass hierdurch die „Jungfer Schwester" im ganzen Quartier die populärste und beliebteste, und indem sie in ihrer stillen Liebes- und Samariter-Arbeit von Haus zu Haus geht, auch die orientirteste Person

---

meurant rue . . . à la sollicitude du Comité (des betreffenden Stadttheils). Mulhouse, le . . .). Der Verein unterstützt auf diese Weise und durch Vermittelung der Quartier-Schwestern jährlich c. 130 Wöchnerinnen. — Auch die Besitzer einzelner grosser Etablissements, so wie die Industr. Gesellschaft, haben diese Angelegenheit stets zum Gegenstand ihrer humanen Fürsorge gemacht. Insbesondere war es Herr Jean Dollfus, der im Jahre 1864 die *société industr.* hiermit beschäftigte und im Verein mit mehreren Fabrikbesitzern die Initiative ergriff, um durch eine geregelte Unterstützung der Wöchnerinnen denselben wenigstens während der ersten Lebenswochen eine sorgsame und ausschliessliche Pflege und Wartung des neugeborenen Kindes zu ermöglichen, und zwar durch Bildung eines Vereins: *association pour des femmes en couche* (vgl. Bull. XXXIX. 405). Die hierbei befolgten Systeme sind insofern verschieden, als in einzelnen Etablissements ein Unterschied zwischen verheiratheten und unverheiratheten Wöchnerinnen gemacht wird, als ferner in einigen sämmtliche Arbeiterinnen zu Beiträgen für Bildung eines Unterstützungsfonds herbeigezogen werden (zu obigen Vereinen zahlten i J. 1872: 1982 Arbeiterinnen Beiträge in Höhe von 18,000 Frs., die auf 280 Wöchnerinnen vertheilt wurden), während andere Fabrikbesitzer die Kosten ausschliesslich übernehmen. Vgl. Bull. 1867, S. 133 und Hack S. 56; die daselbst zitirten beiden Reglements, die auf Anregung des Herrn Jean Dollfus in den Etablissements von Dollfus-Mieg und Cie. u. A. am 20. Juli 1866 erlassen wurden, finden sich im Anhang (Beilage Nr. 1) abgedruckt. Ueber die günstigen Erfolge dieser Einrichtungen siehe ebenda die näheren statistischen Nachweisungen S. 58 und Bull. 1869 (April, Mai). — Bei dieser Gelegenheit verdient auch die hier bestehende Krippe (*crèche*) erwähnt zu werden, welche, ebenfalls von einem Damen-Verein unterhalten, als Bewahrungs-Anstalt für kleine Kinder in den ersten Lebensjahren dient, während die Mutter in der Fabrik arbeitet. An der Anstalt selbst fungirt eine Niederbronner Schwester mit zwei Wärterinnen. Die Kinder (zur Zeit 13 - 16) werden gewöhnlich Morgens um 6 Uhr von der Mutter gebracht und Abends wieder abgeholt. Während des Tages empfangen dieselben dort Kost und Pflege, event. auch ein Bettchen. Die Mutter zahlt dafür 30 Cts. tägliche Pflegekosten (Hack,. S. 133). — In ähnlicher Weise ist in den Etablissements zu Gebweiler Vorsorge getroffen. In dem einen derselben ist den Müttern das Stillen der Kinder dadurch erleichtert worden, dass die Arbeiterinnen in einem hierzu bestimmten Raume, wohin die Kinder gebracht zu werden pflegen, zweimal täglich ihren Mutterpflichten sich unterziehen können. S. Hack, S. 49.

ist, welche über die Unterstützungsbedürftigkeit der einzelnen Armen die sicherste Auskunft geben kann, ist einleuchtend.[64] Ist sie das erstere stets, so ist sie es doch besonders um die Weihnachtszeit, wo sie durch zahlreiche Zuwendungen an Geld, Kleidungsstücken und Spielsachen in der glücklichen Lage ist, den Armen ihres Quartiers, besonders den armen Kindern, eine ansehnliche Christbescheerung zu bereiten. Die Unterhaltung dieses so wohlthätigen und nachahmenswerthen Instituts, (es giebt, wie schon erwähnt, in der Stadt 7 solcher Stationen der Quartier-Diakonie,) geschieht theils aus Beiträgen der Stadt, oder aus solchen der Cité-Gesellschaft, die dazu auf c. 300 Frs. jährliche Miethe verzichtet, und des Diakonissenhauses, sowie von mehreren wohlthätigen Privat-Vereinen, unter denen obenan die hiesige Patronat-Gesellschaft (*société de patronage*)[65] zu nennen ist. —

Wir stehen hiermit am Ziel unserer Wanderung. Der engere Rahmen dieses Aufsatzes, der es zunächst nur auf eine Beschreibung des Arbeiter-Quartiers und der für dieses bestehenden Einrichtungen abgesehen hatte, gestattet hier nicht, noch einiges Weitere von den

---

[64]) An ihre Thätigkeit schliesst sich daher auch am besten die des hiesigen seit 1872 unter den eingewanderten Deutschen begründeten Zweigvereins des „Vaterländischen Frauen-Vereins" an, der seine Unterstützungen an Geld u. dgl. meist den von den Quartier-Schwestern empfohlenen Armen zuwendet. Auch dieser Verein, dessen Einnahmen ausser aus Mitgliedsbeiträgen und Schenkungen, noch aus Konzerten, Verloosungen, öffentlichen Vorträgen u. dgl. fliessen, veranstaltet alljährlich eine Weihnachtsbescheerung für 60—80 arme Kinder, bei welchen dieselben meist vollständig gekleidet werden.

[65]) Die Einrichtung dieser Gesellschaft datirt schon aus den fünfziger Jahren. Sie gliedert sich in 7 Comités (*comité de patronage*) mit bestimmter Vertheilung in ebenso viele Stadtquartiere. Jedem der aus Damen bestehenden Comités assistirt eine Diakonissin und ein (Kantonal- oder Armen-) Arzt und meist einer der Geistlichen. Dieselbe stehen in engster Verbindung mit dem Diakonissenhaus; während letzteres die Kranken zur Pflege im Hause übernimmt, haben die Comités die Aufgabe, die Kranken und Bedürftigen in der Stadt aufzusuchen, zu pflegen und zu unterstützen; sie sind hierdurch so zu sagen das soutien der Quartier-Schwestern. Die Mittel des Vereins werden von den einzelnen Comités durch Sammlungen, namentlich auch unter den Industriellen, aufgebracht und betragen pro Comité 3 - 4000 Frs. pro Jahr; die Zahl der (ohne Unterschied der Konfession) unterstützten Kranken und Armen beläuft sich auf 3—4000 pro Jahr, die der unterstützten Familien auf durchschnittlich 40 (vgl Hack, S. 127). — Die Stadt besitzt auf diese Weise eine Armen- und Kranken-Diakonie wie ausser ihr wohl wenige.

vielfachen anderweiten wohlthätigen Schöpfungen und Anstalten zu berichten, die zur Hebung des leiblichen, sittlichen und geistigen Wohles der arbeitenden Klasse hierorts vorhanden sind, und die in einem glücklichen Zusammenwirken von öffentlicher und Privathilfe[66], oder basirend auf dem Grundsatz der Selbsthilfe[67]) dazu beitragen, dem Arbeiter ein wahrhaft menschenwürdiges und, wenn er

[66]) Zu den Anstalten dieser Art zählen hier besonders noch:
1. die Armenanstalt *(institut des pauvres)* zur Heranziehung der Einwohner zur freiwilligen Armenpflege, zu welchem Zweck die Stadt in 37 Quartiere, mit je einem Quartier-Kommissar (Armenvorsteher) an der Spitze, getheilt ist; dieselbe vertheilt (bei einer jährlichen Einnahme von ca. 100,000 Frs.: — (25—30,000 Frs. durch Zeichnungen, 40,000 Frs. städtischem Beitrag,) Unterstützungen in Naturalien (Kartoffeln, Reis, Kleidung, Schuh u. dgl.) und Geld, (an Durchreisende, zur Miethe, zu Badereisen, Beerdigungen etc.) und bezahlt Arzt und Medikamente; — und mit ihr verbunden: das *bureau de bienfaisance* der staatlich angeordneten Armenpflege, mit den Rechten einer juristischen Persönlichkeit zur Annahme von Stiftungen und Legaten. Vgl. Bull. 1867, S. 140. —
2. Das Bürgerspital, ein Komplex mehrerer Gebäude mit verschiedenen Stationen, auch einem Waisen- und Pfründnerhaus (s. oben) gegründet vor etwa 30 Jahren durch freiwillige Beiträge (hierunter 200,000 Frs. von Herrn André Koechlin) mit 7 Aerzten, einem Chirurgen, Apotheker und Zahnarzt, 20 protestantischen Diakonissen etc. und einem jährlichen Etat von etwa 200,000 Frs. (darunter 55,000 Frs. Renten), — und damit verwandt
3. das israelitische Hospital, gegründet 1862 vom Fabrikanten Lazarus Lantz und durch freiwillige Beiträge erhalten; endlich
4. die von dem, selbst erblindeten, Hr. Alphonse Koechlin und Scheidecker gegründete und neuerdings nach Jllzach verlegte Blindenanstalt mit etwa 40 Blinden, deren Erhaltung ebenfalls durch freiwillige Beiträge erfolgt. —

[67]) Hierher sind zu rechnen die hierselbst bestehenden Kooperativ-Gesellschaften, nämlich c. 42 Arbeiter-Kranken- und Unterstützungs-Vereine (mit Beiträgen von 50 Cts. bis 1 Frs. 50 Cts. monatlich), an denen 1872 (s. Hack S. 138) sich über 12,700 Arbeiter mit einer Gesammteinzahlung von c. 180,000 Frs. jährlich (monatlich 14,800 Frs.) d. i. pro Kopf etwa 14 Frs. jährlich betheiligen; 3 Konsum-Vereine, 2 Sterbekassen-Vereine, 1 Unterstützungs-Verein für Angehörige des Handelsstandes, 1 Arbeiterbildungs-Verein etc. Ausserdem mehrere Kredit-Vereine und Volksbanken *(banque populaire du credit mutuel* und verschiedene *caisses de retraites, d'épargne, de prets, de prévoyance, d'inhumation* u. dgl. mehr). Vgl. Bull. 1869. (Juni, Juli.) — Wie sehr das Bewusstsein von der Nothwendigkeit solcher Institute für grössere industrielle Etablissements die Fabrikantenwelt Mülhausens erfüllt, mögen die nachfolgenden Worte aus der oben angeführten Schrift des Herrn Engel-Dollfus be-

nur sonst will, glückliches und zufriedenes Dasein zu verschaffen. Es würde dies das Mass des hier Vorgesetzten um das Doppelte überschreiten. [68])

> weisen, die sich in der Einleitung finden, wo es u. A. heisst: . . . „es würde mir ebenso schwer fallen, die Existenz eines Etablissements für Handarbeit ohne Unterstützungskasse, ohne Altersversorgungskasse, ohne zahlreiche mit denselben verbundene Einrichtungen zum Besten der Arbeiterklasse zuzulassen, als es mir z. B. unmöglich wäre, mir den grossartigen auswärtigen Handel ohne überseeische Versicherung, oder irgend einen grösseren industriellen Betrieb ohne Versicherung gegen Feuersgefahr mir vorzustellen." —

[68]) Zwei von den hierher gehörigen Einrichtungen können wir uns nicht versagen, im Vorübergehenden zu erwähnen. Es ist dies
  1) der sogenannte *cercle d'ouvriers*, ein Arbeiter-Vereinshaus, nach dem Vorbild der englischen *Workingmen clubs*, zu dessen Gründung Herr Siegfried der Industr. Gesellschaft ein Kapital von 100,000 Frs., ein anderes Mitglied das erforderliche Terrain zur Verfügung gestellt hat, und welches im Jahre 1874 als *cercle mulhousien*, nicht blos für Arbeiter, sondern für jeden Bürger der Stadt, eröffnet worden ist. Das Lokal besteht aus einem Versammlungs- und Spielsaal für Männer über 21 Jahre, einem ähnlichen Saal für junge Leute von 17—21 Jahren, einem Lesesaal, einem grossen Saal für Konzerte, Bälle, Theater-Aufführungen u. dgl., einem Turnsaal, einem grossen mit Bäumen bepflanzten Hof für Spiele im Freien und einem Ausschank *(buvette)*. Zweck desselben ist, dem Bürger, insbesondere den Arbeitern Mülhausens ein geeignetes Lokal zur Verfügung zu stellen, in dem sie in ihrer Mussezeit eine angenehme und nützliche Zerstreuung und Erholung finden können. Vgl. über die Organisation und Statuten Bull. XXXVIII, S. 859 und XL, S. 237. — Ein ebensolches Arbeiter-Vereinshaus haben für Dornach die Herren Dollfus-Mieg errichtet.
  2) Der ebenfalls aus dem Schoss und der Initiative der industriellen Gesellschaft hervorgegangene Verein zur Verhütung von Unglücksfällen *(société pour prévenir les accidents de fabrique causés par des machines)*, theils durch Einführung einer regelmässigen amtlichen Fabrik-Inspektion, theils durch Mittheilung derjenigen Massregeln und Vorrichtungen an Maschinen, welche am meisten geeignet sind, den Arbeiter zu schützen, theils durch Bekanntmachung der hierzu dienlichen besten Vorschriften, Anleitungen und Verordnungen. Hierzu dient:
  a. die Berufung eines von der Gesellschaft zu unterhaltenden Fabrik-Inspektors,
  b. die Einsetzung einer Schiedsgerichts-Kommission *(commission arbitrale des accidents)*, zusammengesetzt aus Aerzten, Fabrikanten und Arbeitern, für jeden Unglücksfall, zur Konstatirung des Thatbestandes und Herbeiführung einer aussergerichtlichen Abfindung;
  c. die Aussetzung eines Preises, nämlich:
    α) einer goldenen Medaille demjenigen industriellen Eta-

Wenn die bisher gebotene Führung hier und da vielleicht schon zu ausführlich in das Detail sich eingelassen hat, so möge dies mit der Rücksicht darauf entschuldigt werden, dass insbesondere aus diesem Einzelnen das Nützliche und Zweckentsprechende jener Anlagen hervorleuchtet, sowie damit, dass es dem Verfasser darauf ankam, nicht nur im Allgemeinen hierfür zu interessiren, sondern wenn möglich dazu beizutragen, dass bei recht Vielen, namentlich in den massgebenden und hierfür interessirten Kreisen seiner deutschen Landsleute nicht nur die Kenntniss dieses wohlthätigen Werkes verbreitet, sondern durch dieselben auch, wo sich die Gelegenheit bietet, der Eifer der Nachahmung zum Wohle der schlechter situirten Arbeiterklassen bei allen edelgesinnten Menschenfreunden geweckt werde!

Wie aber könnten wir schliessen, ohne unsere Blicke von der engeren Betrachtung noch einmal auf das Ganze der Resultate und Erfolge zu richten, mit denen eine 22jährige Geschichte dieses Unternehmen gekrönt und begleitet hat!

Mögen zunächst, was das finanzielle Ergebniss, sowie das äussere Wachsthum der Stadt betrifft, hierfür einige, zur besseren Uebersicht abgerundete Zahlen sprechen, die wir zur bequemeren Vergleichung in Zeiträumen von ca. 10 zu 10 Jahren einander gegenüberstellen.[69])

Am 30. Juni d. J. 1854, also am Ende des ersten Baujahres, betrug:

1. die Zahl der erbauten Häuser: 100, im Werth von    256,000 Frs.,
2. davon wurden im nämlichen Jahre verkauft 49, im
Werthe von . . . . . . .      118,000 „
3. darauf waren abbezahlt baar . . . . .      26,000 „
4. und blieben noch abzubezahlen . . . . .      92,000 „

---

blissement des Ober-Rheins, welches bei seinen Maschinen am vollkommensten alle zur Verhütung von Unfällen dienlichen Vorsichtsmassregeln angewendet hat, und
β) einer silbernen Medaille an dasjenige Etablissement, welches nächst jenem die anerkennenswerthesten Verbesserungen zum gleichen Zweck eingeführt hat. Vgl. Bull. XXXVII, 366 ff., XXXVIII, 526. und ebenda das Nähere über die Gesellschaft „*Sécurité*" (*compagnie d'assurance à prime fixe contre les accidents de toute nature*).
Ueber die aus Fabrikanten, Werkmeistern und Arbeitern zusammengesetzten staatlichen Gewerbe-Schiedsgerichte (*conseils de prud'hommes*) vgl. Hack S. 142 ff., und im Anhang Beilage 3.

[69]) Vgl. die genauere Nachweisung in der im Anhang abgedruckten Tabelle (Beilage No. 2.).

Am 30. Juni d. J. 1865, also am Ende der ersten 11 Jahre betrug:
1. die Zahl der erbauten Häuser: 400, im Werth von 1,069,000 Frs.,
2. davon waren im Verkauf    236, „    „    „    619,000 „
3. darauf waren baar abbezahlt . . . . . . . .  198,000 „
4. und blieben demnach noch zu bezahlen . . . .  421,000 „
Am 30. Juni 1875, also am letzten Jahresschlusse (dem 21.) betrug:
1. die Zahl der erbauten Häuser: 892, im Werth von 2,610,000 Frs.,
2. davon befanden sich im Verkauf: 886, „    „    „  2,594,000 „
3. darauf waren bereits abbezahlt . . . . . . . 2,920,000 „
4. und bleiben noch abzuzahlen . . . . . . .  854,000 „

Es haben also, wenn wir dies Resultat noch kürzer zusammenfassen, auf diesem Wege einfache unvermögende Arbeiter und Handwerksleute im Laufe von 22 Jahren durch Ersparnisse von ihrem Verdienst die staunenswerthe Summe von 2,920,000 Frs., sagen wir heute von rund 3,000,000 Frs.[70] aufgebracht und zur Erwerbung von Eigenthum verwendet, und sind durch sie und die Gesellschaft inkl. der inzwischen vollendeten 28 neuen und der 32 in diesem Jahr zu erbauenden Häuser in Summa 952, sagen wir rund, inkl. der öffentlichen Gebäude etc., an 1000 Arbeiterhäuser dieser Stadt hinzugefügt worden.

Der Ueberschuss der erzielten Verkaufspreise über den Selbstkostenpreis der Häuser, welcher, wie oben bemerkt, zu Verwaltungs- und anderen gemeinnützigen Zwecken der Cité verwendet worden ist, beträgt hiernach bis eben dahin (30. Juni 1875) über 310,000 Frs., wobei noch 6 Häuser im Werth von 15,700 Frs. zum Verkauf blieben Wie hoch der durch die Miethen erzielte Reingewinn sich belaufen mag, kann nicht genau angegeben werden, sondern nur dies, dass derselbe im letzten Jahre 719 Frs. ergab.

Sind aber schon die hier angeführten Zahlen und die dadurch repräsentirten grossartigen finanziellen Ergebnisse an sich hinreichend geeignet, für den Erfolg des Unternehmens das glänzendste Zeugniss

---

[70] Am Anfang des Jahres 1876 betrug die Zahl der verkauften Häuser bereits 918, die für 2,693,675 Frs. verkauft waren; rechnet man hierzu die für Kontrakte u. s. w. aufgebrachten Unkosten, so beläuft sich die Summe aller von den Arbeitern aufgewendeten Zahlungen bis dahin auf 3,054,593 Frs., also bereits über 3 Millionen; der Rest der noch zu zahlenden Kaufgelder betrug um diese Zeit nur noch 854,000 Frs., deren Abzahlung in 5 bis 6 Jahren zu erwarten ist.

4*

abzulegen, so wird dieses noch in weit höherem Grade durch die ebenso ausserordentlichen Resultate gethan, von denen dies humane, aus ächt philantropischen Bestrebungen hervorgegangene Institut in sittlicher und sozialer Beziehung bisher gekrönt worden ist. Durch die Errichtung eines ganz neuen, ausgebreiteten Stadttheils, durch die Erbauung so vieler gesunder, bequemer, geräumiger, ja wir können — mit englischer Geschmacks-Anwandlung — fast sagen „komfortabler" Arbeiter-Wohnungen ist nicht nur einer bedenklichen Arbeiter-Wohnungsnoth in dieser Stadt abgeholfen und auch die Privat-Konkurrenz zur Herstellung billigerer und besserer Wohnungen nach dem Vorbild jener aufgerufen, und damit zunächst für das materielle Wohlbefinden von Tausenden — im Jahre 1876 betrug die Einwohnerzahl 6551 [71]) — von Mitbürgern gesorgt, sondern zugleich das geistig-sittliche Wohl derselben in unberechenbarer Weise gehoben worden [72]).

An Stelle eines bei der rapiden Zunahme der Bevölkerung der Stadt drohenden, ab- und zuschweifenden Arbeiter-Proletariats ist eine im Ganzen wohlsituirte und zufriedene, intelligente und sesshafte Arbeiter-Bevölkerung getreten, welche sich eines menschenwürdigen Daseins erfreut und die, als ein wesentlicher Bestandtheil der Einwohnerschaft Mülhausens, fast ein Drittheil desselben, dieser zur Ehre und zur Zierde gereicht, und deren Haltung einen jeden fremden Besucher und Beobachter der Stadt mit der grössten Achtung vor derselben erfüllen muss.

Ordnungssinn und Reinlichkeit, haushälterischer Sinn und Sparsamkeit und vor Allem die aus dem Eigenthumsgefühl geborenen edlen sittlichen Gemeingüter der Liebe zur Scholle und zum häuslichen Heerde und zur Heimath; der, wie es das Wort so bezeichnend ausdrückt, aus dem eigenen Grund und Boden gleichsam hervorwachsende „solide" Sinn [73]), sowie die Pflege edler häus-

---

[71]) Vgl. über die besondere Vertheilung nach Berufsarten Beilage No. 4.
[72]) Interessant sind die von Herrn Engel-Dollfus a. a. O. S. 14 aufgestellten Vergleiche über die Dichtigkeit der Wohnungen. Danach kommen in der genannten Cité auf den Hektar im Durchschnitt nur 310 Einwohner, in der alten Cité sogar nur 250, während z. B. in Paris, in den Champs-Elysées, also im besten Stadtviertel auf denselben Flächenraum 270—259 Bewohner zu rechnen sind.
[73]) Bemerkenswerth sind u. A. die Erfolge, die in Mülhausen in dieser Beziehung und auf diesem Wege mit entlassenen Strafgefangenen erreicht worden sind, indem man versucht hat, ihnen Arbeit zu

licher Sitten und Tugenden[74]): das sind nur einige der grossen moralischen Erfolge, welche jene finanziellen noch weit übertreffen und die das hiermit gegebene Vorbild der allgemeinsten wetteifernden Nachahmung[75]) werth machen.

Hieraus allein wird es auch erklärlich, wie die namentlich seit 1870 so rührige sozialistische Agitation an einem so eminent industriellen Brennpunkt wie Mülhausen niemals einen rechten Eingang und empfänglichen Boden gefunden hat — die im Anfang d. J. 1870 hervorgetretenen Unruhen sollen, wie man bestimmt versichert, aus ganz anderen Motiven abzuleiten sein — und wie eine so vorwiegende Arbeiter-Bevölkerung wie die hiesige, bis dahin ohne eigentliche Garnison[76]) und mit einem geringen polizeilichen Apparat hat auskommen können.

---

verschaffen, sie zu Ersparnissen zu nöthigen und dadurch selbst zu Eigenthümern zu machen. Vgl. hierüber das Nähere bei Penot, rech. stat. S. 198, wo derselbe sehr richtig bemerkt: „*en devenant propriétaire il apprend à respecter la propriété d'autrui*".

[74]) Sehr treffend und schön sagt Dr. Penot (Bull. 1865 S. 401): „*ces bonnes habitudes (de l'économie etc.) en ont engendré autres, car les vertus s'associent aussi bien que les vices*". Vgl. auch die vortrefflichen Bemerkungen René Lavollée's (in dessen: Channing, *sa vie et sa doctrine*): „*Que l'on cherche par quel lien le paysan est si fortement rattaché à la société actuelle: on trouvera qu'il y tient par son champ, c'est-à-dire par la propriété, par sa vie de famille et par ses enfants. Si vous voulez que l'artisan des villes s'élève au même niveau, placez-le autant que possible, dans les mêmes conditions que le paysan*". Ebenhiermit stimmt das Urtheil des genannten Gross-Industriellen Mülhausens, des bereits zitirten Herrn Engel-Dollfus (a. a. O. S. 91): „*l'épargne existe chez l'ouvrier de Mulhouse et par une circonstance des plus heureuses, elle trouve dans le goût de la propriété immobilière et les conditions améliorées du logement le stimulant le plus moral et le plus energique.*"

[75]) Wie solche in der That auch im engeren und weitesten Kreise nicht ausgeblieben ist. Vgl. über die in Mülhausen selbst z. B. von den Herren André Koechlin & Cie, für ihre Werkführer und Arbeiter, in der Nähe ihrer Fabriken (mit 2 Etagen über dem Erdgeschoss für 3 Haushaltungen), ebenso von den Herren Koechlin-Dollfus am Rhein-Rhone-Kanal — ferner über die in der nächsten Umgegend, in Dornach von den Herren Dollfus-Mieg, auf der Napoleons-Insel von den Herren Zuber-Rieder, in Pfastadt von Herrn Haeffely, in Wesserling, Malmersbach, Gebweiler von den Herren Bourcart und einer eigenen Gesellschaft, in Beaucourt von den Herren Japy, und in Kolmar von der *société imnobilière* unter Herrn Hertzog errichteten Arbeiter-Wohnungen, bes Bull. 1867 S. 88 ff., 1865 S. 425. 427 ff. 1871 S. 288 ff.

[76]) Dieselbe bestand früher in einer (1851 aufgelösten) *garde nationale*,

Und so stellt sich denn, von noch höherem Standpunkte aus betrachtet, die Cité damit als eine Wohlthat nicht blos für die zunächst betheiligten arbeitenden Klassen [77]), sondern für das grössere Gemeinwohl, für das Wohl der menschlichen Gesellschaft, und als ein wesentlicher praktischer Beitrag zur Lösung der unsere Zeit so ernst und tief bewegenden sozialen Frage dar, welche die Beachtung aller betheiligten Kreise in höchstem Masse verdient und, wie die Akten der Societät nachweisen, auch in ausgedehnter erfreulicher Weise bis in die fernsten Theile Europa's hin wirklich gefunden hat [78]).

Der Industriellen Gesellschaft und in ihrem Schosse und an ihrer Spitze einigen hervorragenden Bürgern dieser Stadt wird nicht nur die Geschichte Mülhausens sondern auch die Geschichte der gesellschaftlichen Entwickelung in unsererer Zeit stets das Verdienst und die dankbare Anerkennung zuerkennen, die soziale Frage unserer Zeit hiermit an einem ihrer Kernpunkte in richtiger Weise erkannt und in ihrer Lösung mit edler Hingebung gefördert zu haben [79]).

Der Dank und der Lohn für solches edelmüthige Streben, wenn auch im Einzelnen — der alten Erfahrung gemäss — oftmals vergessen und in's Gegentheil verkehrt, ist doch im Ganzen und in der Sache selbst nicht ausgeblieben. Der blühende Stand und der hohe

---

2 Brigaden Gensdarmerie und aus circa 50 Stadt-Sergeanten; seit 1871 besteht sie aus einer Garnison von 2 Bataillonen Infanterie (17. Rgmts.).

[77]) Und ebenso der Fabrikherren und Arbeitgeber. Es ist gewiss der Cité mit zu verdanken, wenn von den hier bestehenden Beziehungen zwischen Arbeitgebern und Arbeitnehmern z. B. der damalige Präsident der Gesellschaft, Herr Engel-Dollfus (Bull. XXXVII, S. 373), sagen konnte:

„...., ces rapports bienveillants entre patrons et ouvriers qui malheureusement compromis sur liens des points de la France déjà (und leider auch Deutschlands) comptent encore parmi les titres d'honneur de l'industrie de notre département".

[78]) Vgl. über die vielfachen an die Industrielle Gesellschaft dieserhalb gerichteten Anfragen aus Frankreich, Deutschland, Oesterreich (z. B. aus Wien, Graz), die Protokolle der Gesellschaft, z. B. Bull. 1868 S. 335 und 669. Vgl. auch den Rapport des Grafen de Melun, sur la situation des classes ouvrières en France: „les résultats obtenus à Mulhouse peuvent servir de modèles et d'encouragement".

[79]) Mit Recht darf Herr Engel-Dollfus von derselben sagen: „la société qui intéresse peut-être plus encore leur (des classes laborieuses) bien-être moral que les conditions de leur existence matérielle" (a. a. O. S. 26).

Rang der heute fast weltberühmten Industrie Mülhausens[80]) beweisen dies. Sie sind ein neuer Beleg zu dem bekannten, die **Solidarität der Interessen** innerhalb der Gesellschaft schon von alten Zeiten in schlichter Weise predigende Worte: „**wo ein Glied leidet, da leiden alle Glieder mit; so aber ein Glied wird herrlich gehalten, so freuen sich alle Glieder mit.**" (I. Cor. 12, 26.)

Möge das ausgezeichnete Beispiel, welches die **Stadt Mülhausen**[81], hiermit nicht blos auf dem Gebiete der Wohnungsfrage, sondern, wie wir zu zeigen versucht haben, auch auf vielen anderen Gebieten zur Linderung und Hebung des sozialen Elends und zur Beförderung des Gemeinwohls darbietet, und welches eine befriedigende Lösung des sozialen Problems als das Resultat eines dreifachen Zusammenwirkens: von **Staatshilfe, Selbsthilfe und kirchlicher Mithilfe** aufweist, auch fernerhin eine möglichst allgemeine Nacheiferung, namentlich in allen von der Industrie eingenommenen Gegenden, wecken und sich hierfür als massgebend zeigen; möge die künftige für unsere Zeit zu erstrebende volle Lösung desselben für

---

[80]) Im Jahre 1872 befanden sich in Mülhausen und Dornach zusammen 286 Dampf-Apparate mit zusammen circa 7000 Pferdekräften im Betriebe, welche sich auf 11 Baumwoll-Spinnereien mit zusammen 366,000 Spindeln und einer Produktion von 5,470,000 Kilogr. im Werth von 23 Millionen Frs., 3 Kammgarn-Spinnereien, mit 55,000 Spindeln und circa 900,000 Kilogr. Gespinnsten, 12 Baumwollen-Webereien mit 4800 mechanischen Webstühlen, 22,715,000 Meter jährliche Gewebe, im Gewicht von 2,568,000 Kilogramm und im Werth von circa 16 Millionen Frs., 11 Druckereien mit 90 Druckmaschinen und vielen Drucktischen für Handdruck für 50 Millionen Meter Gewebe, 10 Etablissements für Maschinenbau und Schlosserei, 3 Rouleaux-Fabriken, 21 Fabriken für Färberei, Anilin-Fabrikation, Giessereien etc. vertheilen. Die Produktion in den erstgenannten Etablissements, Spinnereien, Webereien, Druckereien, repräsentirte im Jahre 1872 allein etwa 80—90 Millionen Frs. und beschäftigt ungefähr 12.500 Arbeiter. — Vgl. *notice historique et statistique sur le Syndicat industriel du Haut-Rhine siégeant à Mulhouse*, woselbst auch genaue Angabe der gesammten Textil-Produktion des Ober-Rhein; vgl. auch Hack S. 72 ff.

[81]) Vgl. Spach (die mod. Kulturzust. des Elsass) S. 311:
„Die Initiative, die von Mülhausen für gemeinnützige Arbeiter-Anstalten aller Art ausging, ist weltbekannt. Wenn der vierte Stand mit derber Faust an die Pforten der europäischen Staaten schlägt, so hat Mülhausen keine Verantwortung auf sich geladen; es hat, so viel es menschenmöglich war, die industriellen Gefahren beschworen und kann in ganz anderem Sinne als Pontius Pilatus sich die Hände rein waschen".

unser Volk nicht mehr, wie bisher zumeist, einseitig von einem dieser drei betheiligten Faktoren, sondern von einem einträchtigen Zusammenwirken Aller, von Staat, Kirche und Individuum, versucht und in Anspruch genommen werden; möge, wie im vorliegenden Falle, der Staat überall den zu treffenden Einrichtungen und Reformen seinen gesetzlichen Schutz, seine aufhelfende Förderung und materielle Grundlage, — möge der **Arbeiter** denselben überall seine Kraft, sein Geschick, der **Fabrikherr** seine Intelligenz, sein Kapital,[82]) und möge die **Kirche** ihnen beiden überall das nöthige ethische Substrat und Bindeglied[83]) nicht fehlen lassen! Erst wenn eine jede dieser drei durch die Geschichte aller Zeiten geheiligten und als gleichberechtigt erwiesenen Potenzen, sich auf ihr Gebiet beschränkend, in Theorie und Praxis den unberechtigten Anspruch auf Alleinberechtigung und damit den Gegensatz und das Misstrauen gegen die anderen aufgegeben haben wird, erst dann wird auch in diesem Falle das Getrennte sich wieder finden, das unnatürlich Zerrissene sich wieder verbinden und die an dem Organismus des menschlichen Leibes klaffenden Wunden durch solch' einträchtiges Zusammenwirken aller Glieder ihre gründliche Heilung finden, dem alten Spruche gemäss:

*Concordia res parvae crescunt,*
*discordia dilabuntur vel maximae!*

---

[82]) Schön und beherzigenswerth sind die Worte, mit denen Herr Dr. Penot seinen über die Cité erstatteten Bericht an die Gesellschaft (vgl. Bull. 1865 S. 111) schliesst, und die wir uns nicht versagen können, zum Schlusse daraus anzuführen:
„*ne vous laissez donc pas, Messieurs, de propager comme vous l'avez fait avec tant d'ardeur jusqu'ici, ces oeuvres qui ont pour objet l'instruction du peuple et l'amélioration de son état physique et moral par la création d'institutions utiles et vous continuerez à bien mériter du pays!*"
Ebenso Channing (bei Engel-Dollfus S. 96):
„*s'inspirant des grands exemples donnés par l'industrie mulhousienne on devrait faire les plus sérieux efforts pour propager l'institution des Cités ouvrières et pour améliorer le logement des ouvriers qui habitent isolément ... par ce généreux emploi du capital, on dissiperait les préventions dont il est l'obiet de la part du travail*".

[83]) Vgl. Martensen, Sozialismus und Christenthum. Gotha, bei Besser 1875.

# Anhang.

**Beilage No. 1.**

**I. Statuten für den Wöchnerinnen-Verein** der Herren Steinbach, Koechlin & Co. u. A.

(Reglement pour l'association des femmes en couches.*)

**Art. 1.** Allen Arbeiterinnen, welche auf den Fabriken von . . (folgen 8 Häuser) arbeiten, wird vom 15. August 1866 an im Falle ihrer Niederkunft unter nachstehenden Bedingungen Geldunterstützung gewährt.

**Art. 2.** Der Anspruch auf Unterstützung ist davon abhängig, dass die Wöchnerin wenigstens 10 Monate ohne Unterbrechung in einer der Fabriken der Unterzeichneten gearbeitet hat. Doch tritt diese Bestimmung erst vom 15 Juni 1867 ab in Kraft. Bis dahin erhalten alle Wöchnerinnen, welche bei den unterzeichneten Fabrikanten arbeiten, die im Art. 3. angegebenen Unterstützungen.

**Art. 3.** Die täglich zu zahlende Unterstützung soll an Höhe dem täglichen Durchschnittslohn der letztvorhergenden 6 Monate gleichkommen.**)

**Art. 4.** Behufs Bildung eines desfallsigen Fonds zahlen alle in dem Etablissement arbeitenden Frauenspersonen im Alter von 18 bis zu 45 Jahren alle 14 Tage 15 Cts. ein. Der Fabrikherr legt für jede dieser Frauenspersonen den gleichen Betrag hinzu.

**Art. 5.** Die Arbeiterinnen empfangen diese Unterstützung während sechs Wochen vom Tage der Niederkunft ab.

**Art. 6.** Stirbt das Kind, so hört die Unterstützung mit dem Todestage auf, doch wird auf alle Fälle der Wöchnerin auf 3 Wochen Unterstützung gewährt. Stirbt die Mutter, so wird für das überlebende Kind die festgesetzte Unterstützung auf 6 Wochen ausgezahlt.

**Art. 7.** Der Fabrikarzt hat die Wöchnerinnen periodisch zu besuchen und alle 14 Tage ein Zertifikat auszustellen, auf Grund dessen die Unterstützung an den gewöhnlichen Zahltagen ausbezahlt wird.

---

*) Vgl. in Bull. XXXVII. (1867, Febr.) S. 133 ff.; die deutsche Wiedergabe erfolgt im Anschluss an Hack a. a. O. S. 56 ff.

**) Nach Hack (a. a. O.) erhält jede Wöchnerin alle 14 Tage eine auf 18 Frs. fixirte Unterstützung.

**Art. 8.** Gehört die Wöchnerin einem anderen Verein zur Unterstützung in Krankheitsfällen an, so wird die Unterstützung so lange nicht bezahlt, als ihr aus der Unterstützungskasse Beihülfe gewährt wird.

**Art. 9.** Jede Arbeiterin, welche Unterstützung erhält, ist verpflichtet, sich während der Zeit, für welche die Unterstützung gewährt wird, der Arbeit zu enthalten, um ihrem Kinde alle nöthige Sorgfalt zuwenden zu können. Wird dieser Verpflichtung nicht nachgekommen, so hört die Unterstützung mit dem Zeitpunkte der desfallsigen Konstatirung auf. Die Unterstützung hört auch sofort auf, wenn die Wöchnerin ohne triftigen (event. durch den Arzt zu konstatirenden) Grund aufhört, ihr Kind selbst zu stillen.

**Art. 10.** Die Unterzeichneten verpflichten sich, die Wöchnerinnen durch Arzt und Hebamme häufig besuchen zu lassen, um derselben die nöthige Pflege und Behandlung zu Theil werden zu lassen.

**Art. 11.** Zur Ueberwachung der Einhaltung des Reglements wird eine aus Fabrikherren, Werkmeistern und Arbeitern zusammengesetzte Kommission gebildet.

## II. Statuten des Wöchnerinnen-Vereins der Herren Koechlin-Dollfus & Co.

**Art. 1.** Die verheiratheten Arbeiterinnen, welche wenigstens seit 10 Monaten ununterbrochen in dem Etablissement arbeiten, erhalten im Falle ihrer Niederkunft während 4 Wochen ihren Arbeitslohn ausbezahlt, unbeschadet dessen, dass sie zu Hause bleiben.

**Art. 2.** Dieselben werden durch eine vom Etablissement hierfür angestellte Person besucht, um über die Zuwendung der nöthigen Unterstützung sich Gewissheit zu verschaffen.

**Art. 3.** Während dieser 4 Wochen darf sich die Wöchnerin keinerlei anstrengenden, ihrer Wiederherstellung schädlichen Arbeit unterziehen, widrigenfalls ihr die Unterstützung entzogen wird.

**Art. 4.** Die unverheiratheten Wöchnerinnen haben auf Weiterbezug des Lohnes keinen Anspruch, werden aber wie die übrigen besucht.

**Art. 5.** Die Kosten für Arzt und Apotheker werden von dem Fabrikherrn getragen.

(Die Herren Trapp & Co. unterstützen ebenfalls die verheiratheten und unverheirateten Wöchnerinnen ihres Etablissements, ausschliesslich auf Rechnung ihres Hauses, nur mit dem Unterschied, dass sie den ersteren öffentliche, direkte Unterstützung gewähren, den letzteren dagegen diese auf indirektem Wege und nur im Nothfall zukommen lassen.

Nach einem in dem Etablissement von Köchlin-Baumgärtner & Co. in Lörrach geltenden Reglement wird unverheiratheten Wöchnerinnen nur für die erstmalige Entbindung Unterstützung gewährt. Ueber die Erfolge dieser vortrefflichen Einrichtung vgl. in Bull. 1869 (April, Mai) die näheren statistischen Nachweisungen. (Hack a. a O. S. 58 ff)

Beilage Nr. 2.    Anhang.    59

## Uebersicht über den Bau und Verkauf, sowie über den Stand der Abzahlungen auf die in der Cité in Mülhausen erbauten Häuser vom Jahre 1854—1875.

| Jahr am 30. Juni | Erbaute Häuser | | Verkaufte Häuser | | | Bestand der noch zu verkaufenden Häuser | | Summe der Abzahlungen | | | | Bestand am 30. Juni | |
|---|---|---|---|---|---|---|---|---|---|---|---|---|---|
| | jährlich | zusammen | jährlich | zusammen | Kostenpreis | Verkaufspreis | Zahl | Preis | jährlich | | zusammen am 30. Juni | | |
| | | | | | Frs. | Frs. | | Frs. | Frs. | C. | Frs. | C. | Frs. C. |
| 1854 | 100 | 100 | 49 | 49 | 256,400 | 118,725 | 51 | 137,675 | 26,044 | 50 | 26,044 | 50 | 92,680 50 |
| 1855 | 92 | 192 | 18 | 67 | 516,775 | 167,900 | 125 | 348,875 | 21,731 | — | 47,775 | — | 120,124 50 |
| 1856 | 40 | 232 | 5 | 72 | 610,775 | 183,375 | 160 | 427,400 | 21,325 | 45 | 69,100 | 95 | 114,274 05 |
| 1857 | 72 | 304 | 55 | 127 | 777,075 | 332,475 | 177 | 444,600 | 52,292 | 25 | 121,393 | 20 | 211,081 80 |
| 1858 | 96 | 400 | 109 | 236 | 1,069,000 | 618,800 | 164 | 450,200 | 76,315 | 50 | 197,708 | 70 | 421,091 30 |
| 1859 | 28 | 428 | 61 | 297 | 1,151,475 | 777,400 | 131 | 374,075 | 91,646 | 50 | 289,355 | 20 | 488,044 80 |
| 1860 | 0 | 428 | 67 | 364 | 1,151,475 | 960,875 | 64 | 200,600 | 111,345 | 80 | 400,701 | — | 644,282 10 |
| 1861 | 128 | 556 | 87 | 451 | 1,550,275 | 1,228,925 | 105 | 321,350 | 134,591 | 60 | 535,292 | 60 | 840,832 — |
| 1862 | 4 | 560 | 39 | 490 | 1,563,475 | 1,346,525 | 70 | 216,950 | 146,306 | 65 | 681,599 | 25 | 863,073 90 |
| 1863 | 56 | 616 | 58 | 548 | 1,753,875 | 1,538,825 | 68 | 215,050 | 145,410 | 85 | 827,010 | 10 | 994,256 75 |
| 1864 | 0 | 616 | 4 | 552 | 1,753,875 | 1,551,775 | 64 | 202,100 | 153,707 | 15 | 980,717 | 25 | 926,616 80 |
| 1865 | 76 | 692 | 47 | 599 | 1,984,275 | 1,696,675 | 93 | 287,600 | 173,958 | 70 | 1,154,675 | 95 | 1,031,007 50 |
| 1866 | 0 | 692 | 34 | 633 | 1,984,275 | 1,800,275 | 59 | 184,000 | 168,875 | — | 1,323,550 | 95 | 1,040,549 75 |
| 1867 | 108 | 800 | 81 | 714 | 2,373,275 | 2,101,625 | 86 | 271,650 | 187,279 | 40 | 1,510,830 | 35 | 1,169,321 90 |
| 1868 | 40 | 840 | 54 | 768 | 2,481,275 | 2,271,325 | 72 | 209,950 | 195,257 | 85 | 1,706,088 | 20 | 1,224,029 10 |
| 1869 | 20 | 860 | 44 | 812 | 2,522,675 | 2,404,625 | 48 | 118,050 | 236,974 | 85 | 1,943,063 | 05 | 1,121,931 35 |
| 1870 | 32 | 892 | 47 | 859 | 2,610,675 | 2,539,125 | 33 | 71,550 | 209,707 | 40 | 2,152,770 | 45 | 1,210,990 — |
| 1871 | 0 | 892 | 0 | 859 | 2,610,675 | 2,535,275 | 34 | 75,400 | 101,012 | — | 2,253,782 | 45 | 1,181,715 08 |
| 1872 | 0 | 892 | 0 | 847 | 2,610,675 | 2,496,275 | 45 | 114,400 | 135,371 | 45 | 2,389,153 | 90 | 1,074,893 30 |
| 1873 | 0 | 892 | 0 | 847 | 2,610,675 | 2,494,975 | 45 | 115,700 | 169,498 | 85 | 2,558,652 | 75 | 980,565 10 |
| 1874 | 0 | 892 | 15 | 874 | 2,610,675 | 2,569,975 | 18 | 40,700 | 171,768 | 80 | 2,730,421 | 55 | 955,572 10 |
| 1875 | 0 | 892 | 12 | 886 | 2,610,675 | 2,594,975 | 6 | 15,700 | 189,965 | 15 | 2,920,386 | 70 | 854,156 40 |
| 1876 | 28 | 920 | | | | | | | | | | | |
| 1876 | 32 | 952 | | 918 | | 2,693,675 | | | | | 3,054,593 | — | |

Anmerkung. Am 30. Juni 1874 zählte die Arbeiterstadt bereits 351, am 30. Juni 1875 bereits 417 vollständig abbezahlte Häuser, darauf waren in Sa. bezahlt 1,130,175 Frs. Die Abzahlungen im letzten Jahre betrugen allein: 189,965 Frs 15 C. — Die Bauthätigkeit der Gesellschaft hat, wie aus obiger Aufstellung ersichtlich, seit d. J. 1870 geruht; die Wiederaufnahme der Bauten datirt erst wieder vom Jahre 1875

**Beilage No. 3.**

**A. Statuten der Gesellschaft zur Verhütung von Fabrikunfällen.**
(Angenommen in der Sitzung der Ind. Gesellschaft vom 12. März 1867.)
(Vgl. Bull. XXXVII. pag. 363.)

Unter den unterzeichneten Fabrikanten hat sich eine Gesellschaft gebildet, deren Zweck es ist, Unglücksfällen in den Fabriken vorzubeugen, und zwar theils auf dem Wege einer geregelten Inspektion, theils durch Mittheilung derjenigen Massregeln und Vorrichtungen bei Maschinen, welche am meisten zum Schutz des Arbeiters beitragen, theils durch Bekanntmachung der besten unter den in den Fabriken einzuführenden Verordnungen, Vorschriften etc.

Die Gesellschaft wird für den Anfang nur aus Fabrikanten von Mülhausen und nächster Umgebung bestehen.

Sie entscheidet selbständig und nach der späteren Erfahrung über die jener vorbezeichneten Inspektion zu gebende Ausdehnung.

Sie leitet sich selbst, versammelt sich auf jeden Antrag eines ihrer Mitglieder und jedenfalls einmal im Jahre zu einem später festzusetzenden Zeitpunkt. Für das laufende Jahr wird sie wenigstens drei Versammlungen halten.

Ihre Beschlüsse erfolgen mit Stimmenmehrheit.

Sie nimmt mit Dank die für den technischen Theil ihr angebotene Mitwirkung des Comités für Mechanik der Industriellen Gesellschaft an.

Sie ernennt einen Sekretär, welcher ihren Versammlungen präsidirt, und einen stellvertretenden Sekretär.

Sie ernennt einen besoldeten Inspektor, dem es obliegt, die Etablissements zum Zweck der Verhütug von Unglücksfällen zu besuchen.

Dieser ist verpflichtet, die Etablissements nur in Begleitung eines der Fabrikbesitzer, oder eines von diesem zu bestimmenden Herrn zu besuchen und sich unter vollkommenster Diskretion jeglicher Prüfung zu enthalten, die ihm nicht einzig durch die Absicht, seinen Auftrag zu erfüllen, obliegt.

Er trägt seine Beobachtungen in ein Buch ein, welches keiner Oeffentlichkeit unterliegt, das aber jedem Mitglied der Gesellschaft zur Verfügung steht.

Er nimmt Akt von den Unfällen, die zu seiner Kenntniss kommen, und fertigt einen Bericht über die Mittel an, um einer Wiederholung derselben vorzubeugen, nachdem er zuvor die Ansicht der Direktoren, Werkführer und Arbeiter angehört hat.

Er lässt in dem von ihm besuchten Etablissement ein Schriftstück zurück, welches seine Beobachtungen enthält.

Er erstattet jedes Jahr einen Bericht über diejenigen reglementaren Vorschriften und über diejenigen Vorrichtungen an Maschinen, welche er für am geeignetsten hält, um Unglücksfällen in den Fabriken vorzubeugen.

Die Mittel der Gesellschaft bestehen für das erste Jahr aus einem Beitrag von 10 Frs. jährlich auf 1000 Spindeln und von 35 Cts pro Webstuhl (später reduzirt auf 20 Cts. und auf 20 Frs. pro Maschine für Rouleaux-Druckmaschinen).

Dieser Beitrag darf nicht erhöht werden. Am Ende jedes Rechnungsjahres wird der Beitrag für das folgende Jahr bestimmt.

Man nimmt in Aussicht, mit denjenigen Etablissements, die andere Industrieen betreiben und die der Gesellschaft beitreten wollen, Abonnements zu schliessen.

Die Beigetretenen zeigen dem Inspektor jeden schwereren Unglücksfall in ihrem Etablissement an. Diese Fälle werden in ein Register eingetragen.

Die Gesellschaft befasst sich durch ihren Inspektor mit den Vorarbeiten zu einem Arbeiterhandbuch (manuel de l'ouvrier) in der Absicht, dieses allen Fabrikbesitzern und Arbeitern einzuhändigen, um sie mit den vorzüglichsten, im Interesse der allgemeinen Sicherheit zu treffenden Vorsichtsmassregeln und Beobachtungen bekannt zu machen.

Die gegenwärtigen Beitritte verpflichten nur auf 3 Jahre und 6 Monate; nach Ablauf des Zeitraums von 3 Jahren werden die der Gesellschaft Beigetretenen über die Fortdauer oder Auflösung selber beschliessen.

(Folgt die Liste der (22) ersten Mitglieder und (3) Abonnenten. Die durch sie vertretenen Häuser repräsentiren 409,400 Spindeln, 3,340 Webstühle und 62 Druckmaschinen. Die Höhe der Beiträge belief sich auf 7153 Frs.)

---

**B. Provisorische Statuten der Kommission für Unfälle in Fabriken** (statuts d'essai de la commission des accidents), **gültig auf 3 Jahre.**

**Art. 1.** Es hat sich unter den Auspizien der Industriellen Gesellschaft von Mülhausen eine Komission unter dem Namen „Kommission für Unglücksfälle" gebildet.

**Art. 2.** Ihr Zweck ist, den gerichtlichen Konflikten vorzubeugen, welche aus Fabrik-Unglücksfällen hervorgehen können, theils dadurch, dass sie die Arbeiter, wenn diese die erste Veranlassung hierzu waren, davon gütlich zu überzeugen sucht, theils indem sie die Sache des Arbeiters bei dem Chef des Etablissements vertritt, besonders wenn ihm die Verantwortlichkeit des letzteren betroffen zu sein scheint. — Ihre Thätigkeit erstreckt sich provisorisch nur auf die Etablissements von Mülhausen und der nächsten Umgebung.

**Art. 3.** Der Rekurs an die genannte Kommission ist fakultativ. Er wird nur angeboten, und zwar denjenigen Fabrikbesitzern, Werkführern oder Arbeitern, die in die Lage kommen, davon Gebrauch zu machen.

**Art. 4.** Für die erste dreijährige Periode ihres Bestehens wird die Kommission aus 24 Mitgliedern gebildet. Siebe steht zu gleichen Dritttheilen.
a) aus Fabrik-Besitzern, Regierungs-Ingenieuren, oder ehemaligen Fabrikanten, welche von der Ind. Gesellschaft ernannt werden;
b) aus technischen Direktoren, Fabrik-Ingenieuren etc. welche ebenfalls von der Ind. Gesellschaft ernannt werden;
c) aus Werkführern und Arbeitern, die ebenfalls von der Ind. Gesellschaft auf Grund von Listen ernannt werden, von den Fabrikbesitzern unter Mitwirkung ihrer Arbeiter (so viel als möglich vermittelst Wahl).

**Art. 5.** Die Kommission wird auf drei Jahre ernannt. Jedoch wird ¹/₃ jeder Kategorie (nach dem Loos) am Ende des ersten Jahres ersetzt, das zweite ¹/₃ am Ende des zweiten Jahres, die übrig bleibenden Mitglieder am Ende des dritten Jahres. Dieselben sind alle nach 1 Jahr Zwischenraum wiederwählbar. — Ihre Funktionen sind unentgeltlich. Doch wird den Arbeitern, die hierdurch genöthigt sind, ihre Arbeit zu versäumen, eine Entschädigung gewährt. — Die Kommission wählt einen Präsidenten, Vize-Präsidenten, einen Sekretär und stellvertretenden Sekretär.

**Art. 6.** Sie versammelt sich zu gewissen Zeiten, die sie durch ihr Spezial-Reglement bestimmt.

**Art. 7.** Der Rekurs an die Kommission kann herbeigeführt werden entweder durch den von dem Unglücksfall Betroffenen, oder seinen Angehörigen, oder den Fabrikherren, in dessen Etablissement der Unfall stattgefunden hat. — Derselbe muss schriftlich abgefasst und an den Präsidenten der Kommission gerichtet sein. Wenn derselbe von dem Arbeiter ausgeht, ist der Fabrikbesitzer zuerst zu befragen, ob er die Intervention der Kommission annimmt. — Im Fall der Ablehnung trägt sie ihn in ein Register ihrer Berathungen ein. Wenn der Rekurs auf Antrag eines Fabrikherrn stattfindet, so schreitet die Kommission zum Verhör der Zeugen des Unfalls, untersucht die Ursachen desselben und nimmt Akt von den Aussagen des verletzten Arbeiters, sofern derselbe geneigt ist, eine Erklärung abzugeben, oder konstatirt seine Weigerung, Rede und Antwort zu stehen.

**Art. 8.** Der Rekurs an die Kommission kann stattfinden: sei es zur gütlichen Vergleichung, sei es zur schiedsrichterlichen Aburtheilung und zwar definitiv, ohne Appell. In diesem letzteren Falle haben beide Theile sich schriftlich zu verpflichten, es bei der Entscheidung der Kommission bewenden zu lassen und auf jeden gerichtlichen Akt zu verzichten.

**Art. 9.** Wenn der Rekurs an die Kommission in den gehörigen Formen aufgerufen ist, entsendet der Präsident derselben drei ihrer Mitglieder und zwar je einen aus jeder Kategorie, um eine Untersuchung einzuleiten. Diese unterbreiten der Kommission in der nächsten Sitzung einen schriftlichen Bericht. — Der verletzte Arbeiter muss, wenn sein Zustand es zulässt, jedesmal vernommen werden.

**Art. 10.** Die Entscheidungen der Kommission werden mit Stimmenmehrheit gefällt. Sie sind nur gültig bei einer Anwesenheit von mindestens der Hälfte der Mitglieder plus 1. Im Fall der Stimmengleichheit entscheidet die Stimme des Präsidenten.

**Art. 11.** Bei jedem Unfall hat die Kommission sich zuerst über folgende Fragen schlüssig zu machen:
a) durch welche Ursache wurde der Unfall herbeigeführt?
b) ist er abzuleiten aus normalen Umständen, d. h. aus solchen, die mit der dem Arbeiter überwiesenen Arbeit in natürlichem Zusammenhang stehen, oder ist er die Folge ausserordentlicher Umstände?
c) konnte dem Unfall vorgebeugt werden und durch welche praktische Mittel?
d) welches sind die Folgen des Unfalls?

**Art. 12.** Die Abschätzungen oder Urtheile der Kommission werden dem Interessenten wenigstens nach dem definitiven Urtheilsspruch wörtlich mitgetheilt; dieselben werden in das Protokollbuch der Kommission eingetragen. — Eine Abschrift hiervon wird, auf Verlangen, dem Herrn Präsidenten des Landgerichts in Mülhausen mitgetheilt.

**Art. 13.** Um die Arbeiter der Kommission für den Verlust an ihrer Zeit schadlos zu halten, wird ihnen eine verhältnissmässige Entschädigung gewährt. Die Industrielle Gesellschaft schiesst diese und andere durch die Untersuchung nothwendigen Auslagen vor und ersetzt sich dieselben am Ende des Jahres durch eine auf die bei dem Rekurs betheiligten Etablissements umgelegte Steuer.

**Art. 14.** Jedes Jahr erstattet die Kommission der Ind. Gesellschaft einen Gesammtbericht über ihre Arbeiten.

64  Arbeiter-Quartier in Mülhausen i. E. Anhang.

**Beilage No. 4.**

## Uebersicht über die gegenwärtige Vertheilung der Eigenthümer von Arbeiter-Häusern nach Berufsarten. (1876.)
(Vgl. Eugel-Dollfus n. a. O. S. 61.)

### A. In der Alten Cité.

Zahl der Häuser . . . . . 200.
Zahl der Bewohner . . . . 1450.

a. Klassifizirung der gegenwärtigen Hauseigenthümer.

| | | | |
|---|---|---|---|
| Barbiere, Friseure | 1 | Giesser | 4 |
| Wäscherinnen | 2 | Grobschmiede | 4 |
| Spuler | 1 | Holz-Graveure | 2 |
| Schlächter | 2 | Rouleaux-Graveure | 8 |
| Bäcker | 4 | Stoffdrucker | 2 |
| Bürstenmacher | 3 | Lehrer | 2 |
| Schankwirthe | 1 | Gärtner | 2 |
| Zimmerleute | 6 | Tagelöhner | 26 |
| Stellmacher | 1 | Milchhändler | 2 |
| Heizer | 1 | Maurer | 2 |
| Kupferschmiede | 2 | Mechaniker | 2 |
| Kutscher | 1 | Tischler | 4 |
| Werkmeister (Weberei) | 4 | Maschinisten | 1 |
| „ (Spinnerei) | 4 | Stubenmaler | 2 |
| „ (Giesserei) | 1 | Buchbinder | 1 |
| „ (Druckerei) | 1 | Sattler | 1 |
| Schuster | 3 | Schlosser | 7 |
| Musterzeichner | 5 | Kleidermacher | 3 |
| Angestellte | 24 | Weber | 1 |
| Krämer | 3 | Holz-Drechsler | 1 |
| Blechschmiede | 2 | Metall-Drechsler | 3 |
| Spinner | 3 | Wittwer u. alleinstehende Männer | |
| Wittwen u. alleinstehende Frauen | | ohne Beruf | 6 |
| ohne Beruf | 39 | | |

b. Von diesen 200 Häusern sind:
1) noch im Besitz ihrer ersten Käufer . . . . 108,
2) noch im Besitz der zweiten Käufer . . . . 82,
2) noch im Besitz der dritten und vierten Käufer . 10,
Summa 200.

c. Vertheilung dieser 200 Häuser nach dem Kaufpreis:
1) 20 Häuser zu 3550 Frs. (Reihenhäuser zwischen Hof und Garten, vgl. Tafel I. F.)
2) 40 Häuser zu 2000 Frs. (einfache Reihenhäuser, vgl. Tafel I. A.)

Vertheilung der Eigenthümer von Arbeiter-Häusern nach Berufsarten. 65

3) 36 Häuser zu 2600 Frs. (einfache Reihenhäuser, vgl. Tafel I. G.)
4) 96 Häuser zu 2900 Frs. (isolirte Häuser in Gruppen zu 4, vgl. Tafel I. B.)
5) 8 Häuser zu 8000 Frs. (Häuser für Werkführer, vgl. Tafel I. H.)

### B. In der Neuen Cité.

Zahl der Häuser . . . 720.
Zahl der Bewohner 5100.

Klassifizirung der gegenwärtigen Hauseigenthümer.

| | | | |
|---|---|---|---|
| Versicherungs-Agenten | 1 | Holzhauer . . | 4 |
| Feilenhauer | 2 | Sattler . | 2 |
| Laternen-Anzünder | 2 | Schlosser | 23 |
| Barbiere | 1 | Kleidermacher | 4 |
| Bäcker | 6 | Fuhrmänner | 5 |
| Brauer | 1 | Maurer | 20 |
| Schankwirthe | 13 | Magazin-Aufseher | 2 |
| Schlächter | 7 | Weinschankwirthe | 4 |
| Zimmerleute | 10 | Gemüsehändler | 7 |
| Kupferschmiede | 4 | Kohlenhändler | 1 |
| Heizer | 4 | Sandhändler | 2 |
| Lumpensammler | 2 | Hufschmiede | 2 |
| Hausirer (Trödler) | 6 | Mechaniker | 5 |
| Kommissionäre (Geschäftsführer) | 5 | Schreiner | 19 |
| Werkmeister | 42 | Krämerin | 1 |
| Schneiderinnen | 3 | Modistin | 1 |
| Schuster | 13 | Fabrikarbeiter | 55 |
| Zeichner | 1 | Gasarbeiter | 2 |
| Tabakshändler | 1 | Putzer | 11 |
| Spinnerei-Direktor | 1 | Stubenmaler | 1 |
| Kunsttischler | 8 | Pensionirte | 3 |
| Packer | 2 | Bleigiesser | 2 |
| Angestellte | 9 | Dienstmänner | 3 |
| Krämer | 18 | Portiers und Nachtwächter | 11 |
| Briefträger | 2 | Kaminfeger | 1 |
| Blechschmiede | 5 | Steinhauer | 1 |
| Spinner | 33 | Färber | 1 |
| Giesser | 2 | Weber | 11 |
| Schmiede | 7 | Böttcher | 1 |
| Schmierer | 3 | Uhrmacher | 1 |
| Rouleaux-Graveure | 7 | Stoffdrucker | 20 |

Buchbinder .... 1
Holzschuhmacher ..... 1
Tagelöhner und Handlanger . 205
Milchhändler ....... 13
Eisen-Drechsler .... 12
Korbmacher ....... 2
Gärtner ..... 2
Orgelspieler ...... 1
Wittwen ohne Beruf mit Kindern, die in den Fabriken arbeiten . .... 36

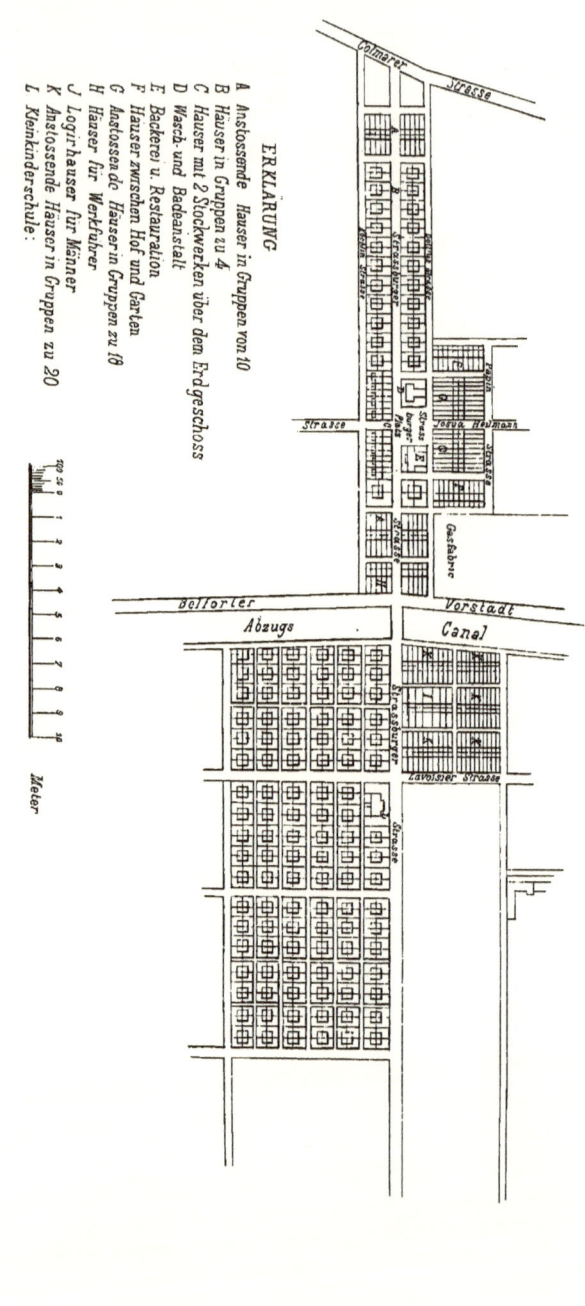

ERKLÄRUNG

A Anstossende Häuser in Gruppen von 10
B Häuser in Gruppen zu 4
C Häuser mit 2 Stockwerken über dem Erdgeschoss
D Wasch- und Badeanstalt
E Bäckerei u. Restauration
F Häuser zwischen Hof und Garten
G Anstossende Häuser in Gruppen zu 18
H Häuser für Werkführer
J Logirhäuser für Männer
K Anstossende Häuser in Gruppen zu 20
L Kleinkinderschule.

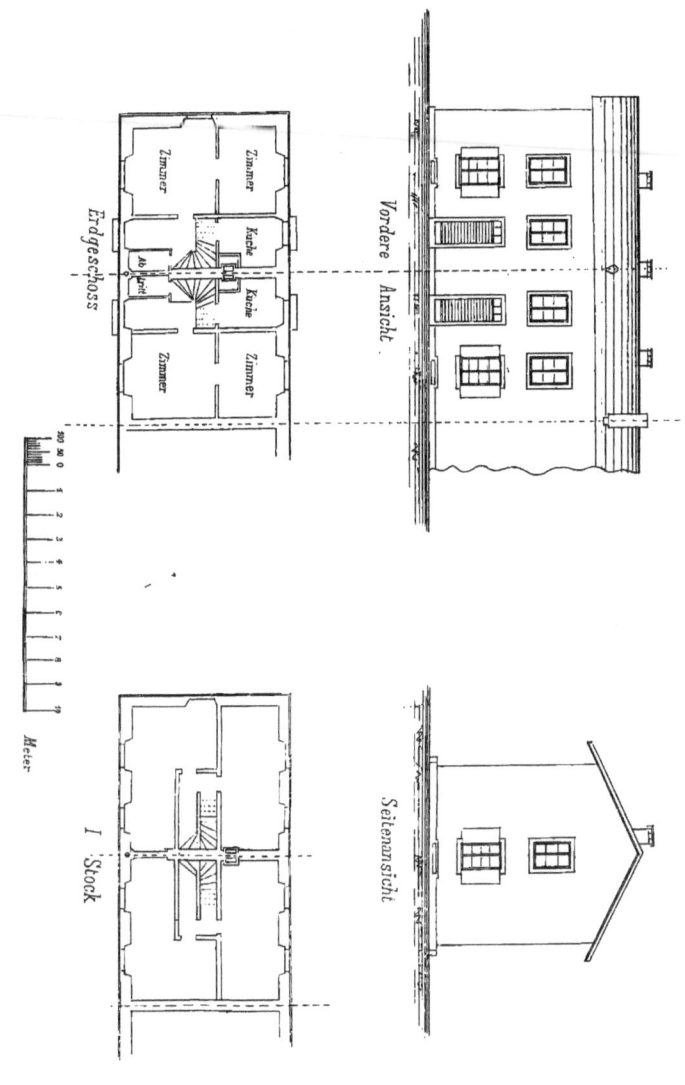

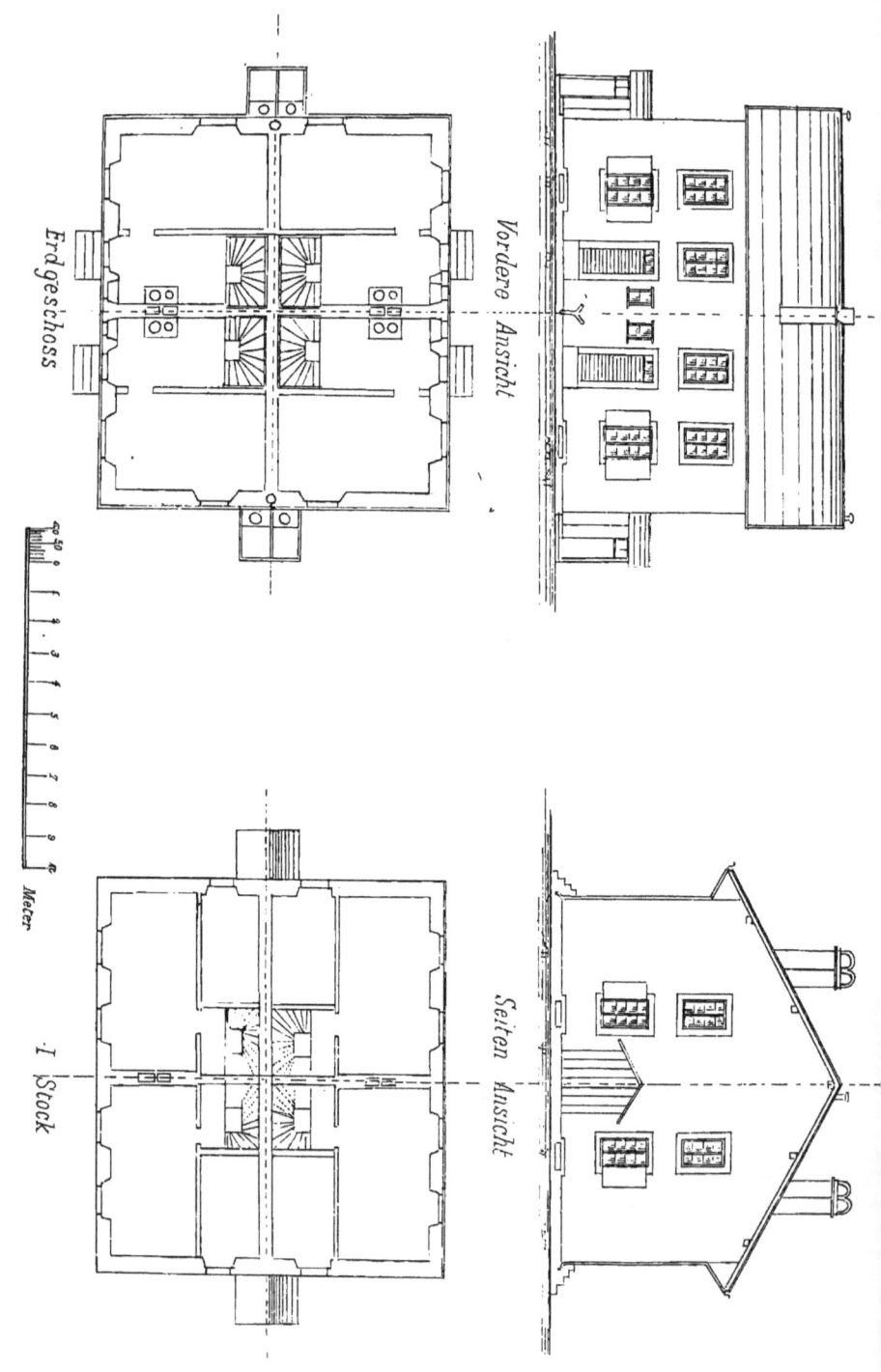

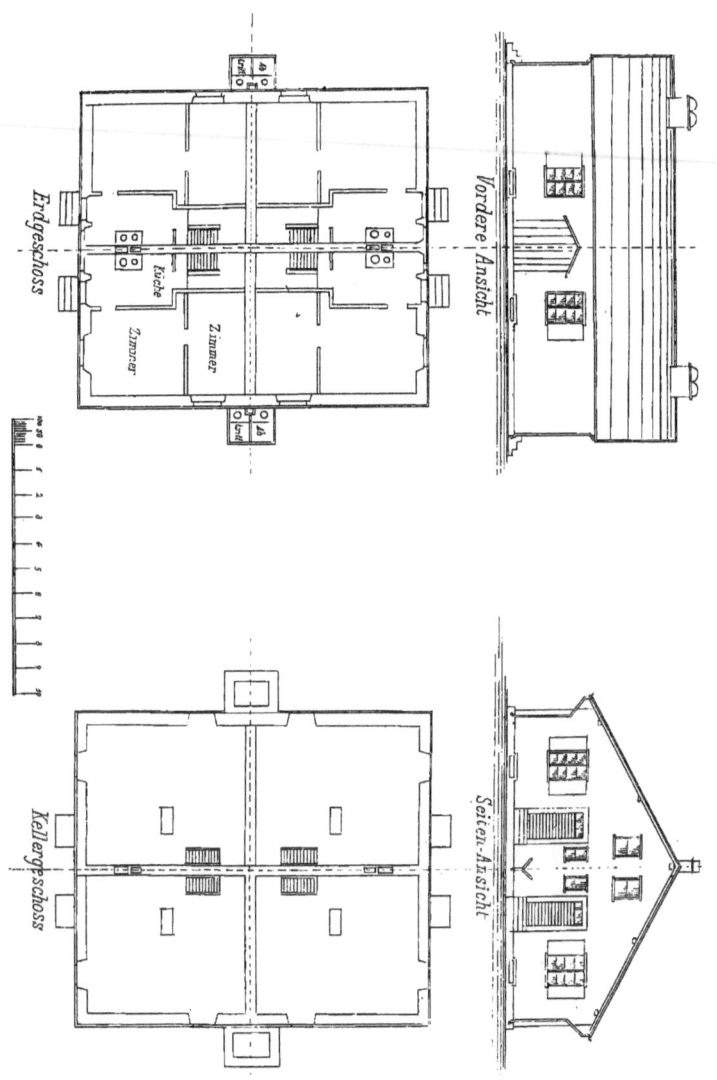

www.ingramcontent.com/pod-product-compliance
Lightning Source LLC
Chambersburg PA
CBHW020334090426
42735CB00009B/1528